AF391210

LES CEREMONIES

OBSERVEES A ROME A LA CANONIZATION

de S. CHARLES BORROMEE Cardinal de Saincte Praxede, & Archeuesque de Milan, le premier Nouembre 1610. Ensemble sa Vie, Saincteté, & Miracles.

Le tout traduict d'Italien en François par F. Fassardy Lyonnois.

A PARIS,

Chez CLAVDE MOREL, ruë sainct Iacques, à la Fontaine.

M. DC XI.

Auec Priuilege du Roy.

A MONSEIGNEVR

l'Illustrißime & Reuerendißime,
MESSIRE CLAVDE DE BELLIEVRE,
Archeuesque & Comte de Lyon, Primat
des Gaules, & Conseiller du Roy en son
Conseil d'Estat & Priué.

ONSEIGNEVR,
Il y a quelque temps, que
sous les heureux Auspices
de vostre Nom ie fis voir au
iour vn Discours funebre,
traduit d'Italien en François, sur la mort
de l'incomparable Monarque HENRY
LE GRAND, PERE DE LA PATRIE.
Mais par ce que vostre depart de cette
ville à Roüen, m'empescha de le vous
donner; I'ay voulu suppleer à ce defaut,
& vous offrir les Ceremonies obseruées à
Rome, sur la Canonization de ce grand
Cardinal CHARLES BORROMEE,

lesquelles i'ay semblablement faictes
Françoises. Ie promets à mon espoir que
vostre belle ame n'agreera rien tant que
cet' offre, puis que son plus doux entretien ne s'appuye que sur l'imitation des
sainctes actions. Car ie puis dire auec verité, que tout ainsi que les MILANNOIS
admirent la vie de ce Sainct, leur Archeuesque, qui leur sert d'exemple & de regle; De mesme les LYONNOIS hon-
norent tous les iours vos merites, loüent
voftre grande charité, & reuerent le zele
de voftre amour enuers eux; Vertus qui
se treuuent si parfaitement accomplies
en vous, qu'vn chacun tasche de les imiter, & moy en particulier, qui suis,

MONSEIGNEVR,

Voftre tres-humble,
F. FASSARDY.

LES PROCVREVRS
DEPVTEZ A LA CANONI-
ZATION DE SAINCT CHARLES
BORROMEE, Cardinal de saincte
Praxede, & Archeuesque de Milan,

A la fameuse ville de Milan.

YANT semblé bon à Monseigneur le Reuerendissime François Penia, Doyen de la sacree Rotte, & l'vn des Iuges deputez du sainct siege Apostolique à la Canonization de sainct CHARLES BORROMEE, Cardinal de saincte Praxede, & nostre Archeuesque, pour la particuliere deuotion qu'il a voüee à ce Sainct, de faire vn bref sommaire, conforme aux actions & aux preuues authentiques de la vie, saincteté, Miracles, & autres deuots effects de sa Canonization; Nous

A iij

auons iugé ne pouuoir faire rien plus agreable à cette Cité, que de luy communiquer vne chose souhaittée auec tant d'applaudissement, & pour la plus grande consolation d'vn chacun. Aussi a-ce esté pour ceste mesme occasion que nous auons resolu de la faire mettre sur la presse, & ce afin qu'vn chacun puisse tirer quelque goust par la lecture d'icelle, & du fruict par son imitation : le tout a la gloire de nostre Seigneur, & au salut de nos ames.

SOMMAIRE
DE LA VIE DE
SAINCT CHARLES.

*Sa Naiſſance fauorisée de Dieu, & comme durant
icelle vne grande lumiere apparut, au
grand eſtonnement de tous.*

CHAP. I.

E Sainct naſquit l'an de
noſtre ſalut 1538. le ſecond
d'Octobre, & deux heures
auant iour en la roche d'A-
rona, Chaſteau (qui eſt l'vn
des principaux entre plu-
ſieurs autres qui appartien-
nent aux Comtes Borromees prés du grád Lac,
à quarante mille de la ville de Milan, lors du
Pontificat de Paul III. de la maiſon des Far-
neſes, & du regne de l'Empereur Charles le
Quint. Son pere ſe nómoit le Comte Gilbert
Borromée, & ſa mere la Comteſſe Marguerite
de Medicis, ſœur du Pape Pie IV. de ce nom.
Ils eſtoient tous deux Citadins de Milan, fort
deuots, & iſſus de maiſon fort ancienne.

Ce Sainct estant predestiné de Dieu dés le
ventre de sa Mere à des entreprises fort hautes,
& auātageuses au sainct Siege, en eut des signes
manifestes & apparens, aū mesme instant de sa
naissance : (comme il se lit aussi de plusieurs autres Saincts, grands personnages) Car au dessus
de sa châbre fut veüe vne merueilleuse clairté,
laquelle semblable à vn rayon de Soleil , & de la
largeur enuirō de six brasses,& qui s'estédoit en
lōg de la portée d'vn trait d'arquebuse,depuis la
Tour iusqu'au faulxcō lieux de ceste forteresse,
qui sont ainsi nōmez. Ceste lumiere fut publi-
quemét apperceuë des soldats & gardes de ceste
place , ensemble de plusieurs autres personnes
qui la tindrét pour miraculeuse , comme chose
qu'on n'auoit pas accoustumé de voir: veu mesme qu'elle dura biē l'espace de deux heures auāt
iour iusqu'au leuer du Soleil,n'ayant ny forme,
ny semblance aucune , qui approchast tant soit
peu de celle des estoilles, & autres lumieres celestes, qui paroissent d'ordinaire à telle heure.
Ceste grāde clairté fut cōme vn presage du lustre
de ses heroïques vertus, & sainctes œuures, par
le moyen desquelles il seruit & de lumiere &
d'exemple, de bien viure à vn chacun.

*Des signes, qu'estant encor enfant, il donna de sa
sainčteté de vie, & de l'heureux Estat,
auquel il estoit appellé,*
CHAP. II.

I L fut eleué aux preceptes de la discipline
Chrestienne par ses parens, fort deuots, &
qui

qui remarquoient bien en luy vn esprit qui n'estoit porté d'inclination qu'aux choses appartenantes au culte diuin ; Car en effect, il aborroit tellement les vanitez, & donnoit des signes si apparens de sa deuotion solide, & de sa grande Pieté, qu'il fuyoit toutes sortes d'entretiens pueriles, & employoit les heures de recreation, que les petits Escholiers ont accoustumé de passer en passetemps inutiles, à des deuotes occupations, faisant de petits autels de son inuention, les embelissant le mieux qu'il luy estoit possible, & priant Dieu deuant eux auec vn singulier contentement d'esprit. Dequoy s'apperceuant ses parens, ils prindrent ce commancement de deuotion pour des assurez presages de sa particuliere vocation à l'estat Ecclesiastique : A cause dequoy ils le vestirent de l'habit de Clerc à son grand contentement : car c'estoit la chose du monde qu'il desiroit le plus.

De sa grande modestie, & honnesteté durant son adolescence.

Chap III.

Les vertus dignes d'vn Chrestien, prenoient de plus en plus accroissement en luy auec les années. Tellement que lors de sa premiere ieunesse, il ne faillit pas de donner de grands tesmoignages de sa grande bonté, & pieté. Car tant qu'il fut à Pauie, où il fit ses estudes, tant en Droict ciuil, que Canon, on n'ouyt iamais sortir la moindre parole de sa bouche, qui ne fust hon-

neste, & de bon exéple, & on ne luy vid oncques
faire aucune chose qui ne fut loüable & ver-
tueuse. Il estoit fort patient, paisible, modeste,
& vn miroir à tous les autres Escholiers, d'hon-
nestes actions. Et comme il fuyoit de tout son
possible toutes les occasions, qui eussent peu
soüiller de quelque tasche sa pureté ; Aussi vacquoit il à l'estude auec tant de soin (ayant pour
maistre & lecteur le Docteur Alciat, qui fut depuis Cardinal) que l'an 1559. & de son aage le
22. il merita d'estre passé Docteur en ceste fameuse Vniuersité, auec vne grande loüange.

*Comme estant faict Cardinal, & Archeuesque de
Milan, il choisit au plus haut de ses honneurs,
vne austerité de vie spirituelle.*

CHAP. IIII.

EN la mesme annee qu'il se passa Docteur,
Pie IV. de ce nom, son oncle, estant faict
souuerain Pontife, l'appella à Rome, & apres
l'auoir fait Cardinal & Archeuesque de Milan,
luy commist les charges & affaires plus importantes du sainct Siege. A ces honneurs il ad-
jousta beaucoup d'autres tiltres & dignitez de
grand reuenu, ausquelles il eleua sainct CHAR-
LES son neueu. Bien qu'il se vid éleué à de si
hauts grades, cela ne l'empescha pas de donner
au monde de fort beaux exemples de foy, car il
se comportoit en ses commissions, non seulement auec vne grande prudéce & fidelité, mais
qui plus est, auec vne diligence & vigilance in-

croyable au grand contentement d'vn chacun.
Mais il n'y auoit rien de si admirable en luy,
que de voir, comme en vn âge si glissant, & si
dangereux, il ne se forlignoit aucunement du
vray chemin de vertu, euitoit toutes les actions
qu'on estime soupçonneuses & meschantes, &
fuyoit fort prudemment les embusches, que le
peché luy dressoit pour le faire cheoir en ses
lacets. En ce mesme temps, le Comte Federic
son frere venant à mourir au mois de Nouembre, en l'an 1562. peu de iours auant qu'il allast
de vie à trespas, il l'enhorta de se marier, & de
quitter la profession Ecclesiastique pour succe-
der tant à son autorité, qu'aux anciens reuenus, & domaines de sa maison, (car ce sien frere n'auoit point laissé d'enfant) pour estre
honoré des tiltres qui luy estoient preparez
comme à vn grand Prince, & ainsi laisser sa po-
sterité riche en honneurs, & en longue suitte
d'ayeulx; Mais luy fermant les oreilles à toutes
ces persuasions, & mesprisant toutes ces gran-
deurs perissables, desquelles les mondains font
si grand estat, fit vne ferme resolution de seruir
à son Dieu: ce qu'il fit depuis auec plus de saincteté & perfection de vie, qu'il n'auoit encore
faict par le passé. La mort de ce sien frere dece-
dé au plus beau de son âge, luy seruit de beaucoup en sa saincte resolution: Tellement qu'incontinant apres il fit appeller son Confesseur,
luy demanda son aduis, & l'ayant acertené de
plus fort de ce qu'il auoit conclu à part-soy,
vint tout aussi tost aux effects, s'adonna à l'au-

sterité de la vie, vacqua à l'oraison, ensemble à plusieurs autres œuures deuotes, & peu apres il prit le sainct & sacré Ordre de Prestrise, au grand aplaudissement, & bon exemple de toute la Cour de Rome.

De l'incroyable diligence dont il vsa à conclure le sacré Concile de Trente.

CHAP. V.

ENTRE autres, & importantes entreprises, qui furent reduictes à vne heureuse fin, par l'ayde & sage conduicte du Pape Pie son oncle, IV. de ce nom. La conclusion du sacré Concile de Trente, fut l'vne des plus remarquables: car iceluy ayant esté déja encõmencé en l'année 1542. par le Pape Paul III. de ce nom, qui fit ce dessein pour pourueoir à l'infame heresie de Luther, Caluin, Zuingle, & de plusieurs meschans heresiarques, qui pour lors prenoit vn grand accroissement par plusieurs Prouinces & Royaumes, & pour extirper encores plusieurs meschancetez & desordres qui se glissoient peu à peu par la Chrestienté, n'auoit peu atteindre à sa fin, pour les grandes difficultez qui se proposoient de iour à autre. Mais il aduint finalement que le Pape Pie s'apperçeuant du grand zele de son neueu, luy donna la principale charge de cet affaire, comme il faisoit semblablement de tous les autres, afin que par sa poursuitte & diligence on en vid vne conclusion. A quoy il s'appliqua auec tant d'atdeur, de vigilance, d'affiduité, & de grandeur de courage, preuoyant bien le grand fruict qui en reüffiroit à l'Eglife, qu'il eft impoffible de le raconter que difficilement. Bref apres plufieurs diligences qu'il y fit il obtint à la parfin ce qu'il defiroit, & fit tant par fa diligence particuliere, que le Côcile de Trente fut conclu en vn téps, auquel plufieurs perfonnes d'autorité fe forçeoient de l'empefcher & diffoudre, pour leur particulier intereft.

Comme il fut le premier, qui fit obferuer en fon Eglife
& Prouince de Milan, ce qui auoit efté
conclu au Concile de Trente.

CHAP. VI.

IL fe porta auffi d'vn grand zele à faire obferuer ce qui auoit efté conclu au Concile dé Trente, pour le grand defir qui le poffedoit, dé releuer & rendre à fon premier luftre l'anciéné difcipline Ecclefiaftique de fon Eglife & Prouince de Milan, laquelle f'en alloit en decadence peu à peu : cela fut caufe qu'apres la publication du Concile, il tira droit à Milan, fon oncle le Pape Pie eftant encore viuant : arriué qu'il y fut, il ne fit pas feulemét accepter à toute fa Prouince, l'execution du Concile, mais de plus, il fit plufieurs beaux Decrets & ordónances, au premier Concile Prouincial qu'il celebra en ce mefme temps, côme auffi en plufieurs autres, qui depuis furent par luy tenus, s'efforçant toufiours par tous moyens de faire mettre

en practique toutes ses ordonnances, tant par
son Euesché, qu'ailleurs, pour le grand desir
qu'il auoit de voir prendre accroissemét à toute la Republique Chrestienne, le bien de laquelle luy estoit recommandé par dessus toutes choses : d'ou s'ensuiuit aussi, que par sa diligence, & par les iournalieres fatigues qu'il employoit à l'ayde de diuers pays, plusieurs Euesques inuitez par son exemple, esmeuz par ses
exhortations, & aydez par les bons reglemens,
& Decrets de ces Conciles, firent de grands
fruicts, & profiterent beaucoup au gouverne-
ment de leur Eglise. Plusieurs aussi venoient
par delà les Monts pour se côseiller à luy de la
regle qu'ils deuoient tenir ponr bien gouuer-
ner les ames, & quelques vns taschoient par
tous moyens d'auoir de ses seruiteurs en leurs
Eueschez, pour maistres de la discipline Ecclesiastique. Par où il faut inferer que plusieurs
Prouinces & Royaumes de la Chrestienté, ont
receu de grandes aydes de ce sainct Archeuesque, en ce qui concerne le culte diuin, & la Religion Catholique: mais ce qui la rendu plus
recommandable, ç'a esté le fruict qui s'est re-
cueilly en son Eglise, où il n'a pas seulement
aboly les anciens abus, nouueautez & supersti-
tions, mais bien d'auantage introduit la pieté,
la religion, & les sainctes coustumes, chan-
geant tout l'estat de l'Eglise de mal en bien, &
reduisant tout le Clergé & le peuple à vne vie
qui peut seruir de bon exemple à chacun,

De la Reformation de sa personne, de sa famille, & de sa maison.

CHAP. VII.

CE sainct Pasteur estant épris d'vn vif desir de vouloir reformer les coustumes corrôpuës du Clergé, & du peuple, à l'imitation de l'autheur de nostre salut, *qui cœpit prius facere, deinde docere :* Il commença fort sagement ceste reformation par soy mesme, par sa maison, & par sa famille. Aussi est-ce le plus court moyen que les Pasteurs des ames doiuent tenir, pour reduire leurs trouppeaux au chemin de salut. A cet effect il licentia de son seruice tous ceux qui luy semblerent enclins aux mondanitez, qui furent quatre vingts de nombre pour vne fois, lesquels neantmoins il ne congedia pas sans leur auoir faict parauant de bonnes recompenses. Ainsi il retint seulement des personnes Ecclesiastiques, de bon exemple, & capables de vacquer à ses affaires importants, & au bon gouuernement de son Eglise de Milan. A ceux cy, il ordonna de fort bonnes regles, touchant la vie spirituelle, par lesquelles il leur estoit defendu de se vestir d'habits de soye, cóme aussi de s'addonner à tout autre luxe messeant à la profession Ecclesiastique. Souuentefois aussi il souloit visiter les chambres de ses domestiques, & mesmes traicter auec eux, afin que par ce moyen ils effectuassent entierement toutes les regles qui par luy leur estoient ordonnées, & qu'ils vefquiffent enfemble en bonne paix, & faincteté de vie.

Comme il fut toufiours de fejour en fon Archeuefché.

CHAP. VIII.

POVR atteindre au but defiré, qu'il s'eftoit propofé, de defendre inuiolablement la religion Catholique, & imprimer aux ames du peuple qu'il auoit commis és lieux de fon Archeuefché la reformation fufdite, enfemble la religion Catholique, fi toft qu'il s'apperçeuft que le principal de tous les remedes, c'eftoit fa refidence en propre perfonne, laquelle eft fi fort recommandée par les facrez Canons, & plus particulierement par le Concile de Trente, incontinant apres qu'il fut faict Archeuefque de Milan, il commença à fe refoudre de n'en partir, que le moins qu'il pourroit, aïns d'y faire toufiours fa refidence, & de faict il aduint ainfi, car fi toft qu'il fut de retour de Rome, où comme nous auons dit cy deuant, il auoit efté mandé par le Pape Pie IV. de ce nom, l'an 1565. il ne bougea iamais de fon Archeuefché, que lors qu'il y eftoit contrainct par des affaires de grande importance : ce qu'il auoit en fi grande recommandation, que bien que les affaires fuffent de confequence, il ne partoit iamais de Milan, fans la licence de fa Saincteté, ou à tout le moins du plus ancien Euefque de fa Prouince, quand l'occafion de s'en aller

à Rome

à Rome ne se rencontroit pas. Il faisoit ses voyages auec le plus de diligence qu'il pouuoit, ne pouuant souffrir d'estre absent de son Eglise pour la grand'amour qu'il luy portoit comme à son Eglise, pour l'ardent zele qu'il auoit des Ames.

De plusieurs Conciles tant Prouinciaux que Diocesains, qu'il tint pour reformer les coustumes, restablir & defendre la discipline Catholique, ensemble l'estat Ecclesiastique.

CHAP. IX.

IL vsa aussi de telle diligence à restablir ceste coustume tres-ancienne, & tres-vtile de celebrer des Conciles Prouinciaux & Diocesains, conformes au Decret du sacré Côcile de Trente, que sa memoire en restera à iamais immortelle, & le lustre ne s'en perdra iamais au grand bien de l'Eglise de Dieu. En dix ans qu'il fut resident à Milan, il y celebra auec vne charité & largesse incroyable six Conciles Prouinciaux, & onze Synodes Diocesains, desquels il tira ceste profitable matiere, qui depuis enrichit son Eglise, comme d'vn precieux ornement,& la fit luire comme vn Soleil, entre toutes les autres d'alentour. Ces Conciles traictoient particulierement comme il falloit faire profession de la vraye Foy, prendre sa deffence, corriger ceux qui enfraindroient ces sainctes Loix, rendre au culte diuin son premier lustre, & administrer les Sacremés auec vne bien-seance con

C

uenable. Ils enſeignoiēnt ſemblablement, &
repreſentoient au vif la vie & honneſteté tant
Epiſcopale qu'Eccleſiaſtique : enſemble le
moyen de s'y maintenir, & comme il falloit viſiter les peuples, & gouuerner ſelon le droiƈt,
ſans le moindre ſoupçon d'auarice les ſacrez
Tribunaux, eſtre ſoigneux de tous les lieux de
denotion : & bref mettre par ordre, & faire vn
vray reglement ſur toutes les autres choſes appartenantes au goûuernemēt de l'Egliſe, & des
Eueſchez auec tant de ſyncerité, de modeſtie, &
de perfeƈtion que tous ceux, qui viennent à
lire ces regles, ſont contraints d'aduoüer, que
les celeſtes rayons du ſainƈt Eſprit auoient ſans
doute eclaircy l'entendement de ce ſeruiteur de
Dieu, qui en eſtoit l'Autheur.

Des beaux edifices & fabriques Eccleſiaſtiques
qu'il fit baſtir.

CHAP. X.

L'VN des plus grands exemples de la libera-
lité de ce Sainƈt zelée au ſeruice de Dieu,
c'eſt le grand ſoing qu'il a eu des reparations &
baſtimens Eccleſiaſtiques, qu'il a releuez de
nouueau, tant à Rome, qu'en ſon Egliſe de
Milan, & embellis de pluſieurs beaux meubles,
& precieux enrichiſſemens; Que s'il faut parler
de Milan, ie diray qu'il n'y a aucune Egliſe en
toute ceſte grande Cité, ny en ce Dioceſe, où il
n'ayt faiƈt faire quelque reparatiō, & à laquelle
il n'ayt faiƈt preſent de quelques paremens Ec-

clefiaftiques : Tellement que d'vn lieu vieil &
fombre, il en faifoit vn nouueau, & fi magnifique, qu'vn chacun en eftoit épris d'admiration.

Pour raconter en peu de mots quelqu'vne de
ces fabriques, ie rapporteray icy pour la premiere l'Eglife Cathedrale de Milan, où il a faict
faire ce beau chœur qui s'y void, embelly de
deux orgues, & de fieges faicts auec tant d'artifice, & de defpenfe. I'obmets les Confeffiónaux
& le grand Autel fous lequel repofent fort honorablement plufieurs corps, & diuerfes reliques des Saincts. Ie ne faicts point mention
auffi de tant de belles Chapelles, & d'Autels,
qu'il a faict baftir en cefte mefme Eglife.

Quant à l'Archeuefché, où parauant luy à
peine y auoit-il affez de place pour y loger le
Vicaire de l'Archeuefque auec bié peu de fuitte,
il l'a embelly de tant de baftimens fi amples &
magnifiques, le tout à fes propres defpens, que
fans y comprendre les anciens baftimens qu'il
a releuez de leur ruine, il y a maintenant affez
de logis, pour y loger auec beaucoup de commodité, plufieurs grands perfonnages. A tant
d'edifices il adioufta l'ancienne Chanoinerie
des Seigneurs Ordinaires, laquelle il fit refaire
de neuf auec tant de magnificence, qu'à peine
s'en treuuera aucune autre qui l'egale : C'eftoit
en ce lieu, où fouloit demeurer autre fois le
Gouuerneur de Milan. Il fit baftir femblablement en fon Diocefe, l'Eglife & maifon par-
rochiale de Groppello, à fes propres defpens,
ce bourg eftant vn des plus anciens du domai-

ne Archiepifcopal de Milan.

A Rome il fit rebaftir de neuf le Conuent de fainĉte Praxede, dont il portoit le nom, il fit des reparations en l'Eglife, renouuella la facriftie; Et de plus fit baftir vn Conuent de Religieux, enfemble l'Eglife de fainĉt Martin *in montibus*, & de fainĉte Marie Major, lors qu'il en eftoit Archipreftre, comme auffi celle de fainĉte Marthe, à laquelle il contribua vne groffe fomme de deniers, comme eftant protecteur de ce Monaftere.

De la fondation qu'il fit de plufieurs Colleges.

CHAP. XI.

SA grande charité le porta femblablement à faire fonder diuers Colleges, pour l'inftruction de la ieuneffe, & pour acroiftre par ce moyen le nombre des Ecclefiaftiques, car il fe reftraignoit luy mefme en fa maifon, & efpargnoit pour employer fon argent aux fondations, & baftimens, & non aux meubles domeftiques.

Il fit baftir à Milan vn College de icunes Gentils-hommes, où il les faifoit eleuer, & inftruire aux fciences, & bonnes mœurs. Ce qui feruit d'vne grand' ayde aux Prouinces & villes d'alentour. Il en fit encore baftir vn autre des Clercs Suiffes, & Grifons, lefquels apres y auoir faict leurs cours en Philofophie & en Theologie, faifoient de grands profits en ce païs là,& se pouuoient à bon droit nommer le Bouleuard de la foy,és contrées de la Germa-nie; car ses siens nourrissons à l'exemple de sa saincte vie, y font encore pour le iourd'huy de grands auancemens en l'extirpation de l'here-sie, defense de la foy,& ayde des ames.

En la ville de Pauie il posa les fondemens, & fit bastir le fameux College, appellé Borro-mée de son nom, & tenu pour l'vn des plus beaux qui soient en toute l'Europe : il le renta de beaux reuenus par la licence de sa Saincte-té,pour l'entretien de quarante ieunes gentils-hommes, lesquels souz l'obseruation de plu-sieurs bonnes regles, vacquent en ceste Vni-uersité à l'estude de la Theologie,des Loix ci-uiles , & de medecine. De ce College sortent plusieurs grands personnages, natifs de diuer-ses Citez d'Italie,tant Ecclesiastiques, que Se-culiers, lesquels par leur doctrine & bonnes mœurs profitent de beaucoup à leur patrie.

Il fonda aussi vn College ou Congregation de Prebstres seculiers de l'ordre de S. Ambroi-se,qui sont souz l'Archeuesque de Milan,entre les mains duquel ils prestent le vœu d'obedien-ce. Ces Religieux sont fort vtiles à tout le Dio-cese, & à l'imitation de leur fondateur, reco-gnoissent son admirable prudence à gouuer-ner les Colleges & Seminaires, a exerçer tou-tes les autres œuures dignes d'vn Chrestien, administrer les Sacremens au Peuple , pre-scher la parole de Dieu, visiter les Eglises , & ceux de son Diocese , aller en commission

pour aſſiſter les parroiſſes neceſſiteuſes, prendre le ſoin des ames, s'exercer en toutes autres
fonctions Eccleſiaſtiques : & bref vacquer à
toutes œuures de deuotion. Ceſte Congregation eſt remplie de bons ouuriers qui font vn
merueilleux fruict à l'Egliſe de Milan, viuent
en commun au Monaſtere du ſainct Sepulchre, qui eſt ſcitué au milieu de la ville, & encores en celle de la Vierge, au meſme Dioceſe, où ſainct Charles a fondé vne belle Egliſe
dediée à la Royne du Ciel, ſouz le tiltre de
ſaincte Marie des Neiges.

Ayant auſſi recognu que le Clergé de Milan
auoit ce defaut, que de ne ſe point addonner à
la cognoiſſance des bonnes lettres, & ce au
grand dommage des ames, & au peril de la foy
Catholique, pour couper chemin aux here-
ſies qui ſe gliſſoient peu à peu, il introduict à
Milan les eſcoles publiques du College de Bre-
ra, ſemblable à celuy de ſainct Gregoire de Rome, où il mit les Peres Ieſuiſtes, leſquels il renta fort bien, leur donnant vne ſienne riche Ab-
baye qu'il auoit à Arone, & qui auoit appar-
tenu de tout temps à la maiſon des Borromées:
ce qui fut vne grande commodité à tous ceux
des Prouinces d'alentour de vacquer aux bonnes lettres, tant humaines que diuines. Il auoit
donné du commencement à ces meſmes Peres
l'Egliſe de ſainct Fidelle, ayant à cet effect re-
mis ailleurs vne Cure qui eſtoit en ce lieu là:
Mais par ce que l'Egliſe n'eſtoit pas aſſez large
pour y loger beaucoup de peuple, il y fonda ce

magnifique Temple, qui fe void encores pour
le iourd'huy, lequel il affifta toufiours d'aumofnes. Il fonda de plus vn autre College des
Peres Theatins, lefquels il mit en l'Eglife de
fainct Anthoine, & leur fit de grandes largef-
fes, afin que la ville, & le peuple de Milan, par-
ticipaft auec plus d'affiftance au fecours fpiri-
tuel, que ces bons Peres ont accouftumé d'apporter aux ames Chreftiennes, par le merite du
fainct facrifice de la Meffe, des Predications, &
Confeffions.

De la fondation de fes Seminaires.

Chap. XII.

CE Sainct perfonnage s'apperçeuant que
toute l'importance de la foy Catholique,
du Culte diuin, & du falut des ames, fe repo-
foit és mains des Prebftres, attendu que ce font
eux, par le bon ou mauuais exemple defquels
depend tout le bien ou le mal qui fe faict par la
Chreftienté, il mit vn merueilleux foin à faire
eleuer les Clercs à vne difcipline parfaicte : &
à cet effect fonda diuers Seminaires, pour les y
faire inftruire, & les retirer du commerce du
monde, & de leurs propres parens, felon qu'il
eft ordonné par le Concile de Trente. Il en
fonda deux à Milan, l'vn qui eftoit le principal
au Monaftere de fainct Iean Baptifte, où eftoit
d'ordinaire cent cinquante Clercs, qui vacquoient aux eftudes de l'Humanité, de la Phi-

Iofophie, & de la Theologie : l'autre qu'on
nommoit des Chanoines, où il y auoit enuiron foixante Clercs, tous auancez en aage,
qui faifoient leurs eftudes en Theologie, &
vacquoient aux cas de confcience, pour fe rendre plus habiles à prendre la charge des ames.

Il en fonda femblablement autres deux en
fon Diocefe : le premier fut à Celane, au domaine des Venitiens, pour les Grâmairiens de
la plus haute claffe : & le fecond à noftre Dame
de la Noix, paroiffe de Marlian. il fit de grandes
defpenfes en ces fondations, tant pour fournir
de meubles en ces maifons, que pour les entre-
tenir, principalement auant que par l'authorité
du fainct fiege il les renta de bons reuenuz
pour leur entretien. Il ne fe peut dire, combien grand fut le fruict, que firent ces Seminaires, car toute leur intention ne fut autre,
que d'obferuer les regles prefcriptes le plus
foigneufement qu'ils pourroient, afin de s'a-
donner à bon efcient, & auec perfection à toutes les fonctions Ecclefiaftiques, le tout pour
le bon gouuernement des ames, ce qui eftoit
la principale intention du fondateur.

Comme il fit baftir deux Monafteres
aux Cappucines.

CHAP. XIII.

LE grand defir qu'il auoit d'eleuer l'ame des
chofes baffes & terreftres, aux Celeftes, &
de la

de la ioindre à fon Dieu, auec vn parfait amour, comme eſtant la principale fin de noſtre creation. Deux compagnies de Vierges s'eſtans aſſemblees à Milan, pour le grand deſir qu'elles auoient de feruir à Dieu, eurent recours à luy, comme à leur propre Paſteur, à ce qu'il luy pleuſt de les adreſſer par ce chemin qui luy ſembleroit le meilleur. A ces fins il fit baſtir deux Monaſteres de Religieuſes, ſouz l'obſeruation de la premiere regle de ſaincte Claire, ſouz l'habit de Cappucines, donnant à ceſte-cy le tiltre de ſaincte Praxede, & poſant la premiere pierre des fondemens de leur Egliſe, & de leur conuent, qui fut rebaſty de noũueau. Il donna le nom de ſaincte Barbe, au ſecond Monaſtere qu'il fit de ces chaſtes Vierges, lequel ne pouuant acheuer, eſtant preuenu de mort, il fut depuis acheué par Monſeigneur Iehan Fontano, qui eſt maintenant Eueſque de Ferrare, & Vicaire de Milan, depuis la mort de ſainct Charles. En chacun de ces Monaſteres il y a enuiron cinquante Cappucines, qui y viuent auec tant d'auſterité & ſaincteté de vie, que toute la ville de Milan en recueille vn grand fruict, pour eſtre aydée par leurs ſainctes & deuotes oraiſons.

De quelques lieux de deuotion que ſainct Charles inſtitua.

CHAP. XIIII.

ENTRE autres œuures de deuotion qu'il fit du temps que la contagion eſtoit à Milan,

il se fit admirer en ceste-cy, comme en l'vne
des plus remarquables, lors qu'il retira plusieurs pauures filles orphelines, desquelles il
eut tousiours vn grãd soin apres la contagion,
il les mit en vn College qu'il fit fonder exprés
souz la protection de saincte Sophie, le tout
auec de bonnes regles, tant spirituelles que
temporelles, & au grand seruice de la ville de
Milan, pour le grand zele qu'il auoit au seruice
de Dieu, & à la conuersion des pescheurs, il fit
bastir deux maisons ou plustost deux conuents
pour y retirer les filles repenties : Le premier
d'iceux s'appelle pour le iourd'huy, le Secours,
où sont enfermees plusieurs de ces Dames qui
furent iadis gouuernees durant quelque temps
par Elyzabeth d'Arragon Espagnole : ce conuent est de si grande estenduë, qu'il y a assez de
place pour y loger encore à part certaines femmes, qui s'y vont rendre, se disant mal-mariees.
Là mesme il y ordonna de bonnes regles, & li-
mita le nombre d'icelles iusqu'à quatre vingts
qui seruent à Dieu, eslongnées du scandale du
monde.

L'autre Conuent fut par luy nommé le De-
post, & ce pour autant que c'est là où se retirent les femmes qui se sont mal gouuernees,
ou qui sont sujettes à quelque infirmité tant
du corps que de l'ame, & y demeurent souz la
conduicte d'vn superieur, ou d'vn deputé à cet
effect, par le moyen dequoy elles se retirent du
danger de la damnation eternelle.

Du temps que la contagion estoit à Milan,

il fit retirer tous les mandians & vacabonds, qui y estoient en grand nóbre, & voyant qu'vn chacun les chassoit, les logea hors la ville, en vn grand Palais qu'on appelle de la Victoire. Apres que la contagion fut cessee, pour le soulagement desdits pauures & mandians, il fit bastir vn Hospital, en vn fauxbourg de la ville, nommé de l'Estoille, où il les logea trestous auec de bonnes prouisions pour leurs necessitez : il regla fort bien ces Hospitaux, il deputa pour support des personnes nobles & d'authorité, & par ce moyen fit que les pauures gens tant de l'vn que de l'autre sexe, y accourent maintenant comme à vn refuge, & y sont assistez auec vne grande charité, tant pour le salut du corps que de l'ame.

Comme il defendit tousiours fort constamment l'authorité de l'Eglise.

Chap. XV.

L'Vne des principales charges des Euesques consistant à defendre constamment les raisons & immunitez de l'Eglise, d'où naist d'ordinaire la conseruation, & accroissement en la republique Chrestienne, comme tout au contraire de la nonchalance d'icelles, deriuent des maux infinis, & finalement la ruine totale des Estats & Royaumes, par la permission diuine; Sainct Charles fit tout son possible pour seruir de singulier exemple, car les faineants & gens de mauuaise vie, ne pouuant supporter d'estre

corrigez par luy, & reduits fouz l'obferuation
de la Religion Chreftienne, s'efforçoient par
diuerfes fraudes & embufches, de luy faire du
tort, mais cela n'empefcha pas que luy qui ne
craignoit aucun danger, ne perfiftat toufiours
auec plus de conftance en fa faincte refolution
auec vn ferme propos d'endurer pluftoft la
mort mefme, que de laiffer enfreindre les ftatuts de fon Eglife, ayant accouftumé de dire à
l'imitation de S. Ambroife fon predeceffeur, &
de S. Thomas de Cantorbie, qu'il pouuoit bié
ou donner, ou negliger fes biens, mais qu'il luy
eftoit impoffible de permettre qu'il eut à mef-
pris les ftatuts de fon Eglife, & les chofes appartenantes au culte diuin. C'eftoit ce qui l'eguil-
lonnoit de plus fort à procurer l'obferuation
d'iceux : fe fentant extremément obligé à def-
fendre, & à conferuer fon Archeuefché, voire
iufqu'à la derniere goutte de fon fang, à quoy
fon habit de pourpre fembloit l'inuiter : mais
par ce que il procedoit en toutes fes actions
d'vn bon zele, & fyncere affection, tous ces def-
feins reüffirét à fouhait auec vn heureux fuccez
& loüange d'vne apparante Saincteté de vie,
fouz le regne de Philippes II. de ce nom, Roy
d'Efpagne, & defenfeur de la Foy.

De l'excellence de fa foy.

CHAP. XVI.

LE don de la Foy n'eftant autre chofe en
l'hôme qu'vne lumiere en l'intellect, fe rap-
portât aux operatiôs actuelles, que cefte mefme

lumiere nous apprend de faire pour atteindre
au but defiré de la vie eternelle, où fe doiuent
rapporter toutes les fonctions de noftre vie.
Ce Sainct monftra bien par effect par fes œuures fignalées, & de grand exemple au monde
qu'il practiqua tout le temps de fa vie, qu'il
n'auoit rien tant en recommandation que cefte
mefme lumiere qui luy feruoit de guide en la
conferuation, & defenfe de l'Eglife. Les Conciles tant Prouinciaux, que Diocefains qui
furent tenus fous luy en rendent de clairs tef-
moignages, où fe voyent tant de regles, &
de Decrets, par luy faicts pour la conferua-
uation de la foy Catholique, fuiuant les enfeignemens qu'en donne l'Eglife, qu'on y re-
marque par tout des chaftimens à l'encontre de
ceux qui y feroient le contraire, & des Edicts
donnez expres contre les heretiques. Quelles
plus belles preuues fçauroiét-on encores auoir
de cecy, que le Sainct zele auec lequel il intro-
duifit par toutes les Eglifes de fa ville & de fon
Diocefe, le profitable exercice d'enfeigner au
peuple la doctrine Chreftienne. I'obmets la
grande affurance qui eftoit en luy à furmonter
auec vn admirable conftance d'efprit, tous les
dangers, & empefchemens qui luy venoient à
l'encontre en fon Archeuefché, lefquels côme
grands, & de beaucoup d'importance, eftoient
auffi de belles marques de fa foy. Que diray-ie
de la peine qu'il prit en plufieurs voyages qu'il
fit volontairement en diuers païs, où il y auoit
des heretiques, lefquels il conuertit à la foy

Catholique : veu mefme que lors qu'il fut que-
ftion de faire apparoiftre l'ardét zele qu'il auoit
à la defenfe de l'Eglife, il en donna de fi beaux
exemples que tous ceux qui en eurent la con-
noiffance en furent émerueillez.

Comme il enfeigna toufiours la vraye & faine
Doctrine, tant par paroles que par efcrit.

CHAP. XVII.

COMME toutes les actions de fa vie furent
remplies de vertus heroïques, auffi fa doctrine qu'il enfeigna tant par paroles, que par
efcrit fut fi naïfue, fi faine, fi Catholique, fi efloignée de tout foupçon d'erreur, & fi conforme à la pure verité de noftre faincte foy Euan-
gelique, & aux Decrets des facrez Canons, que
plufieurs grands perfonnages ont efté furpris
d'admiration, venans à la lecture de fes œuures, imprimées auec beaucoup de confeil, &
diligence par l'ordonnance de noftre fainct
Pere le Pape Paul V. de ce nom. Ces efcrits
nous font autant de tefmoignagnes de fa grande deuotion : en eux fe void toute la perfection
de la difcipline Chreftienne & Ecclefiaftique,
& comme l'Autheur d'iceux, fut homme d'vne
admirable fainctereté, fort docte, & doüé d'vne
grande prudence : mais ce qu'on y loüe le
plus, c'eft l'ardante charité qui y reluit, jointe
à vn zele incroyable, qui le porte à procurer le
falut de fon troupeau, comme il appert par les
enfeignemens de fon Concile, contenus en ce

grand volume qu'il a intitulé , *Acta Ecclesiæ Mediolanensis :* bref tous ses escrits sont autant de remparts , & de boucliers auec lesquels tous les fideles se peüuent armer contre les ruses & embusches de satan , & par le moyen d'iceux se defendre en tout temps & lieu.

Comme Dieu le preserua miraculeusement de la mort, detournant le coup d'vne harquebusade qui fut tirée contre luy.

CHAP. XVIII.

CE fut encore vn des plus grands tesmoignages de la saincteté de sa vie , qu'vn meschant Apostat , s'efforçant de luy tirer vn coup d'arquebusade , droict contre le dos , pour le mettre à mort : Dieu en détourna le coup miraculeusement. Ce qui aduint de la façon : Ce sainct Personnage , voulant reformer la Religiõ des freres Humiliés de l'autorité de sa saincteté, & la remettre en la premiere obseruation de ses regles, quatre des principaux freres de cet Ordre, lesquels aymoient beaucoup plus les tenebres, que la lumiere , se desplaisans de ceste Reformation, & voyant qu'ils ne la pouuoient euiter pour le grand zele & autorité du Protecteur, qui la procuroit par tous moyens , conspirerent ensemble contre sa vie, l'vn des principaux chefs de ceste conspiration , nõmé Hieronimo Farina, Prestre de ce mesme Ordre s'offrit à ioüer le principal personnage de ceste tragedie,& promist aux autres de le mettre à mort,

moyennant que pour ſalaire de ſa meſchanceté
ils luy donnaſſent la ſomme de quarante eſcus.
Ainſi ce meſchant Apoſtat tenté & guidé par
le demon, comme vn autre Iudas s'en alla le
26. d'Octobre l'an 1569. le treuuer, enuiron
demy heure de nuict, qu'il faiſoit ſon oraiſon
accouſtumée en l'oratoire Archiepiſcopal, &
pendant que les Muſiciens chantoient en vn
motet ces paroles de l'Euangile, *Non turbetur
cor veſtrum, neque formidet :* Ce malheureux
Apoſtat s'approcha de luy, de la longueur de
quatre braſſes, ou enuiron, & empoignant vne
harquebuſe à roüet, longue de deux palmes &
demy, chargée d'vne balle, & de pluſieurs dragées, il ſe prit à tirer droict contre le dos de ce
ſainct Perſonnage. Ainſi les dragées s'eſtant
épanduës d'vne part & d'autre, les vnes per-
cerent la robe de ce Sainct, ſans l'endommager
en ſa perſonne, entre leſquelles il y en euſt vne
qui s'enfonça dans vne table qui eſtoit là alentour, la longueur d'vn doigt, & les autres ſe
rompirent contre la muraille. Quoy voyant
tous les aſſiſtans d'alentour, ſe leuerent ſus pied,
fort eſtonnez de ce faict ſi eſpouuentable : Il
n'y eut que ce Sainct qui ſentant que le coup
eſtoit decoché côtre luy, ne fit aucun ſemblant
d'auoir peur . Mais la force du coup l'ayant
tant ſoit peu frappé du coſté de l'Autel, ſe
croyant bleſſé à mort, il hauſſa les mains, & la
teſte au Ciel, & faiſant arreſter le murmure,
continua en ſa priere iuſqu'à la fin. Peu apres
s'eſtant retiré en ſa chambre, il s'apperçeut que

ſon

son furplis eftoit vn peu foüillé, & qu'il portoit
encores la marque de la bale fans qu'il paruft,
neantmoins que fes veftemens en fuffent aucunement percez : veu mefme, que comme on
eftoit apres à voir s'il n'eftoit point bleffé, on
apperçeuft qu'vne marque liuide & plombée
fur fa chair, que la bafle auoit faicte, laquelle
cheut à fes pieds, fans qu'on y remarquaft aucune goutte de fang. Depuis il porta toufiours
cefte marque iufqu'à fa mort. Les Medecins &
tous les autres qui virent vn effect fi eftrange,
le publierent tout auffi toft, pour vn miracle
euident, comme fit auffi le Duc d'Alburquer-
que Gouuerneur de Milan, par vn fien Edict,
qu'il fit la mefme nuict, qu'on eut à faire recherche d'vn fi facrilege affaffin : Mais à la parfin vn acte fi enorme fut découuert, & l'Apoftat
mis à mort, auec tous fes complices, voire qui
plus eft, le Pape Pie V. de ce nom abolit cefte
Religion, pour punition d'vne fi grande mef-
chanceté : & par ce qu'il tenoit comme chofe
prefque impoffible de la pouuoir reduire à vn
bon Eftat.

De fa grande deuotion à dire la Meffe tous les
iours, à vacquer à l'oraifon, & de l'honneur
qu'il portoit aux facrées Reliques, en-
femble de fes pelerinages.

CHAP. XIX.

IL paroiffoit affez que toutes fes penfées &
conceptions ne repofoient qu'en Dieu, qu'il

s'efforçoit de iour à autre de plaire de plus en plus à sa diuine Majesté, de s'aduancer à la pureté de la vie, en la ferueur de la deuotion, & en la chaleur interieure de l'esprit. En ce qu'il disoit la Messe tous les iours, bien qu'il voyageast, ou non, & ce auec vne telle deuotion, qu'on luy voyoit sortir les larmes des yeux en abondance, voire il ne laissoit pas d'offrir ce sainct Sacrifice, lors que par fois il auoit la fieure, apres auoir premierement purifié son ame de toutes ses fautes, par le moyen de la confession Sacramentalle qu'il faisoit tous les iours.

Il vacquoit d'ordinaire à l'oraison, tant de iour que de nuict, voire quelquefois passoit les nuicts entieres. Il ne se mettoit iamais apres quelque chose d'importance, qu'il n'eut auparauant prié. Il estoit si deuot, qu'il recitoit d'ordinaire les heures Canoniques & tout l'office diuin à genoux, se monstrant tousiours fort assidu à la lecture des sainctes Escritures: comme il auoit en grande estime la veneration des sainctes Reliques, la translation solemnelle desquelles il celebra par plusieurs fois auec vne pompe Ecclesiastique, non seulement à Milan, mais encore en plusieurs autres villes. Aussi monstra il par effect, qu'il estoit fort soigneux qu'elles fussent en des lieux de respect, & selon leur merite. A cet effect il les transporta d'vn lieu en vn autre par l'autorité du sainct Siege, vsant d'ordinaire en telles solennitez, d'vne diligence du tout extraordinaire, & ce pour inuiter dauantage la deuotion du peuple à la ve-

neration d'icelles. Aussi fust-ce par ce moyen,
qu'il appella la memoire de plusieurs Saincts,
laquelle par maniere de dire estoit abolie, &
qu'il accreust la deuotion de son peuple.

Ceste mesme deuotion l'emeut à faire plusieurs voyages és païs lointains, voire mesme
à pied, car par plusieurs fois il s'en alla en pelerinage aux lieux Saincts, pour y visiter les
sainctes Reliques. Mais l'vn de ses plus cele-
bres pelerinages fut celuy qu'il fit à pied, de
Milan à Turin en habit de pelerin, pour y
voir le sacré sainct Linceüil de nostre Seigneur.
Ainsi semblablement il fit plusieurs autres pelerinages, tels que furent celuy de nostre Dame
de Valtelina, où il ne faillit pas de prescher le
sainct Euangile, pour la conuersion de ces peuples infectez d'heresie ; celuy de Tisitis au païs
des Grisons, pardelà les monts de la Germanie,
où il fut visiter deux corps Saincts à pied, pas-
sant par des aspres & hautes montagnes, celuy
de nostre Dame de Lorette, d'Aluernia, du môt
Oliuet, de Camaldoli, d'Assise, de Valombreu-
se, de la sacrée Montagne de Varallo, & plusieurs autres saincts lieux qu'il visitoit, laissant
par tout où il passoit vne odeur fort souëfue
de sa saincte vie, non sans vn particulier fruict
qu'en recueilloit le peuple, voyant vn si sainct
personnage, & oyant ses predications & en-
seignemens salutaires. Car il auoit accoustumé
d'employer tout le temps de ces saincts voyages à prescher la parole de Dieu, à vacquer
& à l'oraison, & aux contemplations diuines,

& à faire des harangues, & exhortations spirituelles, pour enflammer à la deuotion, & à
l'amour de Dieu ceux qui estoient à sa suitte.

De la grande peine qu'il prit aux continuelles vi-
sites qu'il faisoit des peuples à luy sujets: &
comme il s'achemina à vn des
Cantons des Suisses.

Chap. XX.

IL faisoit tant d'estat de visiter son troupeau
d'vne part & d'autre, comme estant vn des
principaux deuoir d'vn bon Pasteur, qu'il employoit en ses visites vne bonne partie de l'année, car il s'en alloit ores en vn lieu, ores en
vn autre par toutes les Villes & Chasteaux de
son Diocese, où il preschoit la parole de Dieu
pour extirper les abus, conuertir les pecheurs,
& reformer les maluersations & mauuaises
coustumes du peuple. Aussi paissoit-il só troupeau auec tant de soing, & de charité, que ce
qu'il auoit le plus en recommandation c'estoit
de pouruoir en toutes ses necessitez, de guerir
ses malades, & de panser ses playes, sans que ny
l'excez des froideurs de l'hyuer & des chaleurs
de l'Esté, le peut empescher d'entreprendre
de longs voyages à pied, bien que par maniere
de dire les chemins y fussent comme inaccef-
sibles, mais le grand zele qu'il auoit du salut
des ames, luy faisoit quitter ses plus serieuses
occupations pour les assister : Tellement que
tout son repos & son plus doux contentement

n'eſtoit autre qu'a vacquer à leur aſſiſtãce. Pluſieurs & diuerſes trauerſes qui luy ſuruindrent,
tant par l'iniure du temps, par l'aſſault des gens
d'armes, par diuers hoſtages, & autres meſchã-
cetez tramees à l'encontre de luy, & qu'il luy
fallut ſupporter ſuiuant l'occurrence des occa-
ſions, ne peurent iamais refroidir tant ſoit peu
l'ardeur de ſon zele, car il monſtra touſiours
par effect, qu'il n'y auoit ny tribulations, ny af-
flictions, ny ſouffrances de vie, ny perſecutiõs,
ny telles autres trauerſes, pour penibles & dif-
ficiles qu'elles fuſſent, qui peuſſent le ſeparer de
la charité de Ieſus-Chriſt, ny eſteindre ces
ſainctes flammes, qu'il entretenoit dans ſa
belle ame.

Il rendit de belles preuues de ce zele, lors qu'il
s'achemina en quelques contrees de ſon Dioceſe, ſujectes au domaine temporel des Suiſſes,
pour y releuer & mettre ſus, pluſieurs choſes
appartenantes au culte diuin, que l'iniure du
téps auoit abolies : car tout ce pays eſtoit preſ-
que reduict à l'extremité, à faute de Paſteurs
Eccleſiaſtiques, pour eſtre fort montagneux, &
ſcitué aux derniers confins de l'Italie, d'ou s'e-
ſtoit enſuiuie la perte de l'authorité Epiſcopale, & des biés Eccleſiaſtiques que les Seigneurs
temporels auoient enuahis : cela fut cauſe que
ce ſainct perſonnage s'en alla viſiter ce pays,
trauerſa ces eſpouuantables montagnes, & ces
horribles vallées, & paſſa par des foreſts ſauua-
ges & inhabitées, pour taſcher à remedier à
ces deſordres, ſupportant impatiemment vne

infinité d'affronts qui luy eſtoient faicts, & no
laiſſant pas pour cela d'attirer vn chacun par le
bon exemple de ſa ſaincte vie, de ſes predications, adminiſtrations iournalieres des Sacremens, & par pluſieurs fatigues qu'il ſouffrit, ſe-
couru de l'aſſiſtance de Dieu, d'où s'enſuiuit
qu'il porta le ſalut en ce pays là, recouura la
iuriſdiction Eccleſiaſtique, rendit à ſon premier luſtre le culte diuin, y introduiſit l'obſeruation du ſacré Concile de Trente, & ne reforma pas ſeulement le Clergé: mais qui plus eſt,
tout ce peuple.

Comme il viſita par l'authorité du ſainct Siege, quel-
ques Eueſchez de ſa Prouince, & vne contrée
infectée d'hereſie en la ſeigneurie des Griſons,
& du grand fruict qu'il y fit.

Chap. XXI.

LE deſir qu'il auoit de donner accroiſſement
au culte diuin, de defendre la foy Catholique, & de procurer le ſalut des ames, eſtoit ſi
grand en luy, qu'il n'y auoit ny fatigues, ny trauaux, leſquels il ne ſupporta fort patiemment
pour ceſte intention. Pour ce meſme ſujet, il
accepta tref-volontiers la charge de viſiteur
Apoſtolique, qui luy fut donnee par le Pape
Gregoire XIII. de ce nom, laquelle il exerça
premierement en ſa Prouince de Milan, où il
viſita fort ſoigneuſement, & auec beaucoup de
peine, & vn grand fruict des ames: les Eueſchez de Cremone, de Breſſe, de Pergame, & de

Vigeuano, où il reforma l'estat Ecclesiastique,
& reduisit la discipline Ecclesiastique à l'obseruation ordonnee par les regles & decrets de ses
Conciles. Quelque temps apres sur les derniers
ans de sa vie, il s'en alla visiter les pays qui
estoient infectez d'heresie en la seigneurie des
Grisons, & ce par l'ordonnance de sa Saincteté
qui l'auoit delegué en diuerses Eglises de la Germanie, pour y assister les Chrestiens des remedes salutaires, & qui concernent le mystere de
la foy. Il visita donc en temps d'vn grand hyuer
& à ses propres fraiz & despens, toute la con-
tree de Mesolcin, où il conuertit plusieurs heretiques à la foy Catholique, & diuers pecheurs
à la penitence. Il fut aussi la principale cause
que plusieurs sorciers & magiciens, desquels ce
pays estoit tout remply, laisserent l'abominable
culte du Diable, & se reconcilierent à sa saincte
Eglise. Il reçeut aussi à conuersion plusieurs
Apostats, & reuoltez de l'Eglise, qui s'estoient
allez rendre à ces contrées. Tellement qu'en
bien peu de téps il purgea tout ce pays de plusieurs vieilles heresies, & y fit éclatter la claire
lumiere de la foy Catholique, & de la deuotion
Chrestienne, au grand estonnement de tous.

De son hospitalité, & des grandes aumosnes
qu'il faisoit.

CHAP. XXII.

L'Hospitalité, comme estant l'vne des vertus
les plus recommandées à vn Euesque, fut de

telle eftime à ce Sainct, qu'en quelque temps que ce fut, fon Palais eftoit toufiours auffi bien ouuert aux paffans & pauures pelerins, comme aux Prelats & grands Princes : A cet effect, il auoit donné charge expreffe à l'vn de fes domeftiques, de ne point permettre qu'aucun Ecclefiaftique s'en allaft loger par les hoftelleries, ains qu'il le reçeut en fon hoftel, difant que c'eftoit vne chofe trop meffeante de fouffrir qu'vn Ecclefiaftique logeaft en vne tauerne, puis que fa maifon eftoit toufiours ouuette aux gens d'Eglife. Mais entr'autres il fe monftroit principalement fort charitable enuers ceux qui eftoient de quelque pays où il y auoit des heretiques, auec lefquels il communiquoit fort volontiers, & les inftruifoit és chofes appartenantes au falut des ames. Que s'il auoit pour hoftes en fon Palais quelques grands perfonnages & gés d'authorité, fa couftume eftoit de leur donner des liures fpirituels, des chapelets, & femblables prefens de deuotion, pour les exciter d'auantage à eftre deuots. Aux pauures il leur dõnoit de l'argent pour fe cõduire, & aux Euefques des veftemens conuenables à leur qualité, s'il s'apperçeuoit qu'ils en euffent befoin.

Quant à fes aumofnes tant ordinaires qu'extraordinaires, il les faifoit auec tant de largeffe, qu'il affiftoit de fes moyens les pauures, és neceffitez de leur maifon & famille. A cet effect, il auoit deux Aumofniers, l'vn pour faire des aumofnes en public, & l'autre pour en fecourir
les pau-

les pauures honteux, & pouruoir aux necessitez
de tous ses sujets. Mais l'vn des plus grãds actes
de sa Charité, ce fut, lors que voyãt qu'il y auoit
vn grand nõbre de pauures à Milan, & que ceste
ville estoit affligée de peste, il se despoüilla de
tous ses moyens, fit reduire en monnoye toute
sa vaisselle d'argent, denua ses garderobbes de
toute sortes de meubles, voire qui plus est, fit
vendre iusqu'aux tables, & aux tapisseries pour
vestir les pauures en hyuer, & les defendre du
froid : bref sa Charité paruint à vne telle perfection, qu'il se deffit mesme de sa principauté
d'Oira au Royaume de Naples, que Philippes
II. de ce nom auoit donnée au Comte Federic
son frere : & qui depuis luy estoit escheuë, &
luy valloit dix mil ducats de rente, tout lequel
argent, il employa à l'entretien des pauures, &
des lieux de deuotion : & afin que ie dise en vn
mot, il fit son heritier vniuersel, le grand hospital de Milan, monstrant par là qu'il aymoit
beaucoup mieux les pauures de Dieu, que ses
pauures Parens.

De l'excez de la Charité qu'il monstra à son peuple,
lors que la peste estoit à Milan.
Chap. XXIII.

LE deuoir du bon Pasteur estant de mettre
son ame pour ses brebis, ce qui est la plus
grande charité de toutes, selon la conformité
des paroles de l'oracle diuin. Sainct Charles le
monstra bien par effect, & comme sa charité
auoit atteint à sa perfection, lors que du temps

que la pefte eftoit à Milan en l'année 1566. qui
dura tout l'â d'apres 1567. Il ne fe mit pas feulemét vne fois au hazard de favie, pour l'amour
de fon peuple, mais bien dauátage il s'employa
toufiours au feruice des malades & de ceux qui
mouroient de ce mal contagieux, faifant peu
d'eftime de fa propre fanté, pourueu qu'il peut
remedier à celle de fon troupeau bien aymé.

Les exéples de cefte grande Charité, fe firent
encores paroiftre dauantage, lors qu'eftant prié
par des perfonnes d'authorité de fe retirer en vn
lieu feur, & de foulager les malades par l'entre-
mife de fes feruiteurs; à l'heure mefme il difpofa
de fes biens, fit fon teftament, & fe prepara volontairement à la mort. Qui plus eft apres auoir
faict des proceffions publiques, ayant les pieds
nuds, vne groffe corde noüée à fon col, & vn
grand Crucifix en main, afin d'impetrer pardon
de Dieu pour les pechez de só peuple; Il fe voüa
auec quelques vns de fes familiers au feruice
des malades de la pefte, portant toufiours pendant lefdites proceffions, qui durerent trois ou
quatre iours le gros doigt du pied dextre nauré
d'vne bleffure, non fans vne extreme douleur,
d'où tous les affiftans, qui envoyoient ruiffeler
le fang tout le long des ruës, eftoient emeuz à
compaffion. Ainfi ayant pourueu au bon gouuernement de la ville, & apres que la plus part
des Gentils-hommes voyát que ce mal prenoit
accroiffement de iour à autre fe furent retirez
en leurs Chafteaux, il fit la vifite de tous coftez
par fon Diocefe, où il y auoit bien enuiron cent

bourgades toutes infectées de ce mal : de façon
que ce sainct Pasteur n'estant iamais en repos,
passoit six ou sept heures de la nuict en ses visites, entroit luy mesmes aux cabanes des malades, les côsoloit, & les assistoit de son ayde tant
corporelle que spirituelle. Il fit bien dauantage,
car pour empescher, que soixante ou septante
mille pauures, qui ne viuoient que d'aumosnes
ne mourussent ou de faim, ou de la peste, il mit
son hostel en vne extréme necessité, & obtint
encores de sa Saincteté plusieurs Indulgences,
pour plus grande assistance des ames : & bien
qu'il eut pourueu de toutes parts à l'administra-
tion des Sacremens, & qu'il eut faict venir à cet
effect plusieurs Prestres de la Seigneurie des
Suisses, cela ne l'empescha pas neátmoins d'exercer luy mesme cet acte de deuotion, d'administrer aux malades qui s'en alloient mourants,
les Sacrements de la Cómunion, & de l'Extreme Onction, & du Baptesme aux petits enfans:
sans craindre en aucune façon d'approcher les
licts des pestiferez, ausquels il apportoit tous les
remedes necessaires à leur salut: & estant à l'ar-
ticle de la mort leur octroyoit Indulgence pleniere, leur faisát tousiours paroistre, que le zele
de leur bien luy estoit beaucoup plus recommandé, que la crainte de la mort. Aussi il ne se
soucioit pas beaucoup des trauaux du corps,
pourueu, qu'il fut tousiours charitable aux
pauures. Tant de bonnes œuures, qui se remar-
querent en luy, luy acquirent à bon droict le
nom de pere vniuersel de son peuple.

Comme il renonça volontairement à plusieurs ri-
cheſſes, dignitez & offices fort honorables.

CHAP. XXIV.

L'VNE des choſes du monde plus admirable
en ce ſainct Cardinal, ce fut de le voir re-
nôcer au plus beau de ſon âge à tant de richeſſes, de dignitez, & d'offices, apres leſquels les
plus grands hômes ont accouſtumé de courir.
Ce qui fut vn grand indice de ſon heroïque
vertu, & de la grand'amour que Dieu luy portoit. Ses reuenus ſe pouuoiét monter à la ſomme de cent mille eſcus tous les ans, deſquels il
ſe priua volontairement pour monſtrer qu'il
ne ſe ſoucioit pas beaucoup des richeſſes du
monde : Tellement qu'il ne ſe retint autre cho-
ſe que l'Archeueſché de Milan auec vne pen-
ſion qu'il auoit en Eſpagne : laiſſant tant de tiltres, & d'offices qu'il auoit, tels qu'eſtoient ſes
Abbayes, au nombre de douze, les dignitez de
grand Penitencier, d'Archipreſtre de ſaincte
Marie Majour, de Prince d'Oira, de Protecteur
du Royaume de Portugal, de la baſſe Germanie,
& de diuerſes Religions, & Congregations de
Reguliers. Il renonça à toutes ces dignitez,
apres vne meure deliberation & les remit au
Pape Gregoire XIII. de ce nom, ſon oncle Pie
ne les ayant voulu parauant accepter, bien qu'il
l'en eut requis fort inſtamment. En quoy il fit
aſſez paroiſtre combien il aborroit les choſes
mondaines, & comme ſes plus ſerieuſes occu-

pations ne confiſtoient qu'a procurer le ſalut
de ſon troupeau bien aymé.

De ſa grande abſtinence & auſterité de vie.

CHAP. XXV.

AYANT faiɧ vne ferme reſolution à part
ſoy, de s'aquerir toutes les vertus requiſes
à ſa dignité de Cardinal & d'Archeueſque, il
s'efforça par tous moyens de ſe frayer le chemin à icelles, & particulierement à la temperance, abſtinence, & auſterité de vie : il commença de ieuſner vne fois la ſemaine, puis deux
& quatre, iuſqu'à ce que finalement il s'accou-
ſtuma peu à peu à ne manger point de chair, ny
d'autres viandes delicates, à ne boire point de
vin, & à ieuſner tous les iours en pain & en
eau, excepté les feſtes. En temps de Careſme, il
ne mangeoit point de pain, ains ſeulement de
figues ſeiches, excepté les Dimanches. La ſemaine Sainɧe, il ne mangeoit qu'vne fois le
iour, & ce tant ſeulement de lupins trempez
dedans l'eau, & perſeuera en ceſte maniere de
ieuſne iuſqu'à la fin de ſa mort, ſans que cela
l'empeſcha de vacquer aux importantes affaires de ſon Archeueſché. Il auoit pris la couſtume d'eſtudier pendant qu'il mangeoit, voire
le plus ſouuent à genoux, liſant la Sainɧe eſcri-
ture. Auſſi auoit il accouſtumé de dire qu'il ne
ieuſnoit pas ſeulement pour s'aquerir la vertu
de la temperance : mais de plus, pour vacquer
aux affaires de ſon Archeueſché, auec plus de

facilité. Mais ce enquoy il se rendoit plus admirable, c'estoit de demeurer enfermé en vne chaire, durant l'oraison de quarante heures, pendant lequel temps il ieusnoit & ne cessoit de prescher au peuple, qui y accouroit de tous costez, tant de nuict que de iour.

Apres ces ieusnes ordinaires, il maçeroit son corps par frequentes disciplines, portoit d'ordinaire le cilice, dormoit dessus la paille en vne pauure chambre qu'il s'estoit faict faire exprés, souz le toict de l'ample palais Archiepiscopal, le plus souuent aussi il dormoit dessus vne table, ou sur vn siege sans se despoüiller : la couuerture de son lict estoit d'vn gros caneuas réply de paille, & ses linçeuils d'vne semblable estoffe, & ne dormoit iamais que quatre heures, ou cinq pour le plus, & le plus souuent moins. Il n'vsoit ny de peluche, ny de soye en ses vestemens, ains de simple drap, disant que les vieux haillons estoient ses plus precieuses robes, & que celle de pourpre qu'il portoit en public, n'appartenoit qu'à la dignité de Cardinal. Il se priuoit du tout du benefice du feu, & voyageoit tousiours les mains descouuertes, voire au plus gros de l'hyuer, bien qu'à cause du froid il les eut toutes fenduës & entr'ouuertes de creuasses : monstrant par là, que sa plus grande ambition, c'estoit de souffrir toutes choses pour l'amour de Dieu.

De sa chasteté & pureté de vie.

CHAP. XXVI.

COmme il recherchoit par tous moyens de vacquer à toutes sortes de vertu, aussi tout ce qu'il auoit de plus recommandable, c'estoit de conseruer la chasteté, côme estant vne vertu la plus dangereuse à se perdre, & la plus requise à vn Euesque ; A cause dequoy il aborroit entierement le vice contraire, & fuyoit auec tant de soin, toutes les occasions de ce peché, que ses plus intimes & familiers, furent tousiours tesmoins oculaires, & irreprochables de sa chasteté ; aussi fut il si soigneux de la conseruer, voire lors de sa premiere ieunesse, principalement à Rome, qu'on tient que lors qu'il estoit inuité en quelque lieu, où il y auoit tant soit peu de soupçon de ce peché, il en fuyoit tout aussi tost l'occasion, & se retiroit en sainct Syluestre en l'Eglise des Peres Theatins. De toute sa vie on ne le vid iamais parler à aucune féme, voire mesmes à ses parentes, si ce n'estoit en presence de personnages graues & d'authorité. Il estoit si discret en son parler, qu'il ne proferoit iamais la moindre parole, qui ne se rapporta tousiours à la vertu. Que s'il luy falloit necessairement traicter de quelque matiere peu chaste, alors il souloit vser de circonlocutions, & de paroles ambigues : tellement que tous ses discours ne respiroient rien, que l'odeur d'vne si grande pureté, qu'à peine sçauroit on exprimer par paroles.

De sa grande patience, à supporter les trauaux
& incommoditez de sa charge.

CHAP. XXVII.

IL a laissé vn bel exemple de sa grande patience à tous les Euesques & Pasteurs d'ames, & leur a appris à supporter patiemment les difficultez de leurs charges : Car bien que les trauaux qu'il eut à souffrir fussent tresgrands, de longue duree, & presque tousiours continuels: & iaçoit qu'il eut beaucoup de contredisans, qui faisoient de faux rapports de luy, tant à Rome, qu'à Milan, & en plusieurs autres lieux, pour l'empescher en ses sainctes entreprises, & pour le destourner du cours encommencé : cela ne l'empescha pas neãtmoins de dissiper, terrasser & aneantir ses brouillards par ses veilles & sueurs, le tout à leur grande honte & confusion. Aussi ne faut-il point douter, que la grandeur de son courage, sa patience, & magnanimité furent les seuls remedes qui destournerét les effets de ceux qui luy faisoient contre : mais parmy tant de trauerses, il ne fut iamais troublé en son ame, ny triste en son visage: & ses aduersitez furent trop foibles pour l'irriter & le faire mettre en colere tant soit peu, car son courage estoit tel, qu'il ne se surhaussoit iamais en prosperité, & en aduersité se monstroit tousiours le mesme, bien que pour lors les difficultez & dangers fussent si grands que ceux qui le regardoient de pres, en estoient tous estonnez.

Aussi

Aussi auoit-il accoustumé de dire que deuant
qu'abandonner le soin de son Eglise, pour quelque sujeсt que ce fut, il perdroit plustoft toute
autre chose, voire mesme sa propre vie.

Il se monstroit aussi si patient à supporter les
infirmitez, angoisses & douleurs du corps, qu'il
sembloit n'auoir rien tant aggreable que ces
foiblesses.

Comme il se monstra tousiours fort equitable à faire
iustice, tant en sa maison, qu'au gouuernement
de son Tribunal, & en la distribution
des benefices Ecclesiastiques.

CHAP. XXVIII.

IL appert assez par ce que nous dirós cy apres,
combien il fut amateur de la iustice, & equitable en ses ordonnances, car en ce qui concer-
noit l'Ecclesiastique, il eut tousiours soin d'y
pouruoir de tout son possible, de bons & fidel-
les seruiteurs, pour prescher la parole de Dieu,
de leur donner des regles particulieres pour reformer tous les abus, & d'y mettre vn bon ordre de toutes parts. Et afin qu'aucun interest
ne portast quelqu'vn d'eux en particulier à faire chose indigne & messeante à vn Ecclesiastique: Il leur fit expresses inhibitions & defen-
ses de ne prendre aucun present de personne, &
de s'abstenir de l'autruy le plus qu'ils pourroiét.
Il voulut qu'ils fussent tous estrangers, afin que
l'amour de la chair, les forces de laquelle ne
font que trop gluantes, ne les déuoyast tant soit

G

peu du sentier de la vraye equité. Il souloit visiter luy mesme en propre personne le lieu de
sa iustice, ensemble les prisons, ou bien les
faisoit visiter par des siens seruiteurs, qui luy
estoient fort affidez. Ce qu'il auoit le plus en recommandation en la distribution des benefices
Ecclesiastiques, & principalement des Euefchez, c'estoit de les donner à des personnes capables, & qui peussent soustenir leurs charges
honorablement : comme estant l'vn des plus
asseurez remedes pour le salut des ames, & pour
maintenir en son entier l'estat de l'Eglise, outre
la grande diligence dont il vsoit en l'admini-
stration de sa charge, il estoit encore fort soigneux de ne donner les benefices qu'à gens capables, & de merite, s'informant parauant de
leurs coustumes & façons de faire : Il ne portoit aussi point de respect ny de faueur à personne, ains procedoit si equitablement en ses
élections, que rien ne pouuoit ébloüir vn entédement si clair-voyant que le sien. D'auantage,
il auoit accoustumé de dire, qu'il ne donnoit
pas les benefices pour les commoditez de la
personne, ains qu'il donnoit la personne aux
benefices.

De son heureuse mort.

Chap. XXIX.

APRES le cours d'vne vie si laborieuse, &
d'vn continuel exercice de vertus, esquel-
les ce Sainct Archeuesque s'exerça durant sa vie

pour s'aquiter dignement de sa charge; estant finalement appellé de Dieu, il ne pouuoit estre autrement qu'il ne fit vne belle mort, apres vne belle vie.

Le terme donc de ses derniers iours s'approchant, auquel il luy falloit partir de ceste vallée de miseres, & lequel il sembla presager peu auparauant qu'il s'en alla en pelerinage à Turin, en grande deuotion, pour y voir le Sainct Linceuil de Iesus Christ nostre Redempteur, Il se retira au sacré Mont de Varallo, au Sepulchre qu'il y a de nostre Sauueur, où il passa quinze iours tous entiers, en de grandes austeritez, veilles & oraisons, & pour mieux se preparer au pelerinage celeste, fit sa confession generale, non sans verser vne grande abondance de larmes. Et bien qu'il fut assailly d'vne fieure tierce, auant-courriere de sa mort : il ne desista pas pourtant de l'exercice de deuotion, & ne laissa pas de dire la Messe tous les iours, ny de vaquer à la contéplation des choses celestes. Peu apres partant de ce lieu, il tira droit à Arone, & s'estãt mis par eau sur le grand lac, il tira droit à Ascone, pour y fonder vn College de ieunes hómes, du commandement de sa Saincteté, & sentant que son mal accroissoit de plus en plus, il rebroussa chemin vers Milan, ne cessant de donner des signes euidens de sa grande charité, durant tout ce voyage; car estant dans le bateau il enseignoit à vn chacun, comme il se falloit comporter, s'exerçer tousiours en l'oraison, & enflammoit toute la compagnie à l'amour de

l'eternelle patrie, difcourant de la gloire des
Saincts, auec vne fi grande affection & ardeur
de courage, que fes fainctes paroles leur entrât
bien auant dans le cœur, forçoient leurs yeux à
verfer vne grâde abondance de larmes. Arriué
qu'il fut à Milan, la veille de la cômemoration
des morts, le iour d'apres qui eftoit le 3. de Nouembre, en l'an 1584. apres s'eftre employéà
des difcours fort vtiles & falutaires, & auoir
pris à trois heures de nuict le S. Sacrement de
l'Eglife, auec vne grande deuotion, & profôde
humilité, ayant les yeux toufiours tournez contre l'image du S. Sepulchre, & eftant couuert
d'vn cilice tout parfemé de cendres, comme vn
autre Sainct Martin, les vertus duquel il s'eftoit
efforcé d'imiter tout le temps de fa vie, il rendit
fort paifiblement fa belle ame à Dieu, le dernier an du Pontificat de Gregoire XIII. de ce
nom, & l'an 47. de fon aage.

Les Milannois aduertis de la mort inopinée
de leur bon Pafteur, furent fi efperdus, verfe-
rent tant de larmes, & ietterét tant de cris, d'vne
part & d'autre, qu'on eut dit que c'eftoit là le
dernier iour de la defolation d'vne ville fi peu-
plée. Auffi auoient-ils bien raifon de ce faire,
& de croire vn chacun en particulier & tous en
general, qu'ils auoient perdu leur refuge & leur
confolateur, voire mefme leur propre pere: car
il n'y auoit perfonne qui ne luy fuft grande-
ment obligé, & qui ne fe confeffaft fon rede-
uable, pour les biens faicts receuz en fa neceffi-
té.

Des honorables funerailles qui luy furent faictes.

CHAP. XXX.

IL fut de besoin de tenir trois iours durant son venerable corps exposé en vn lieu public, pour satisfaire à la deuotion du peuple qui y accouroit à la foule, des Bourgs, & Chasteaux éloignez de ce Diocese pour le voir, & honorer. Lors qu'on faisoit sa pompe funebre, on n'oyoit par les ruës que cris & gemissements, les vns l'appelloient du nom de Pere, les autres de sainct Pasteur, & le peuple qui le regardoit passer des fenestres, s'escrioit à haute voix, Misericorde, Misericorde : de mesme que si on luy eut nauré le cœur. Grande marque de l'amour indicible qu'il portoit à ce Sainct.

Ses funerailles luy furent faictes par Nicolas Sfondrat, Cardinal & Euesque de Cremone, lequel depuis estant creé Pape, se fit nommer Gregoire XIV. de ce nom. Ce grand personnage versa vne grand' abondance de larmes, tant par les chemins, qu'en disant la Messe des Trespassez au Dosme, estant accompagné de plusieurs Euesques & Prelats, de tout le Clergé, du Gouuerneur de l'Estat, du Senat, & des Magistrats de la ville. Vn chacū s'efforçoit de faire toucher son chappellet à ce venerable corps, lequel fut depuis enseuely, en l'Eglise Metropolitaine, en vn lieu qui n'estoit en aucune façon somptueux. Ce qui fut faict la septiesme nuict du mois de Nouembre, & fut mise ceste

inscription sur son tombeau , selon que luy
mesme l'auoit ordonné par son Testament.

Carolus Cardinalis tituli sanctæ Praxedæ, Ar-
chiepiscopus Mediolani , frequentioribus Cleri,
populique ac deuoti fœminei sexus precibus se com-
mendatum cupiens , hoc loco sibi monumentum vi-
uens elegit.

Il laissa au monde si grande opinion & estime de la saincteté de sa vie, que plusieurs Cardinaux, Euesques, & autres Escriuains de toute
nation se sont reputez bien-heureux, & ont
tenu leurs escrits pour immortels, escriuant les
glorieuses actions de ce Sainct, Le sepulchre
duquel a esté rendu fort fameux par plusieurs
miracles, & frequenté d'ordinaire par vne infinité de personnes de tout sexe & condition,
lesquelles l'ont enrichi de plusieurs pierres pre-
rieuses, d'or, d'argent, des statues de grand prix,
& d'infinis autres presens d'vne valeur inestimable.

DES MIRACLES
QVE DIEV A FAITS

Par l'interceßion de sainct CHARLES, *lesquels ont esté approuuez par sa Canonization.*

DIEV a faict de grands miracles par l'interceßion de ce sien Seruiteur, les vns durant sa vie, les autres apres sa mort. Il se lit aux procedures qui en ont esté faites, de l'autorité du sainct Siege qu'il guarit par le moyen de ses Oraisons, Iean Pierre Stoppano, qui est maintenant Archiprestre de Mazzo en valle Teline d'vne maladie mortelle, estant abandonné des Medecins.

Qu'il deliura par vn signe de Croix l'Abbé Bernardin Tarugi, & Ioseph Cheualier qui estoient cheuz dans le fleuue Tißin.

Que par ses mesmes Oraisons il garentit de la mort Iules Homato l'vn de ses domestiques, cheu à cheual dans vn horrible precipice.

Que par sa Benediction il deliura vn ieune homme demoniaque qui auoit esté possedé fort long temps.

Qu'en mesme instant par sa Benediction il rendit semblablement la santé à Marguerite

Vertua, malade d'vne fieure tierce, & reduite à vne telle extremité, qu'il y auoit huict mois qu'elle tenoit le lict, sans se pouuoir remuer tant soit peu.

Qu'au territoire de Monza il donna guarison à vne Damoiselle par sa seule benediction, estant icelle trauaillée d'vne fascheuse maladie, qui luy auoit esté causée par enchantemens diaboliques.

Il fit tels, & autres semblables miracles durant sa vie, en grand nombre, mais ie les obmets pour estre longs, me contentant de rapporter cy dessous ceux qui ont esté approuuez par sa Canonization : Premierement par les Auditeurs de la Rotte, qui furét Iuges deputez en cest' affaire, & depuis par la congregation des sacrées coustumes. Ie ne feray point de mention aussi de plusieurs circonstances, qui rendent les miracles beaucoup plus illustres, ains les raconteray simplement comme ils sont aduenus.

Il donne guarison à vne femme affligée d'vne Paralysie incurable.

CHAP. I.

PAVLE Iustine Casatta, Religieuse du grand Monastere de Milan, voyant qu'il y auoit huict ans qu'elle estoit paralytique, percluse de tous ses membres, & affligée de plusieurs autres maux: Que les principaux Medecins de la ville, qui l'auoient pensée durant sa maladie, mais en vain,

vain, tenoit du tout pour incurables, fit vn vœu
à sainct Charles, & luy demanda la santé deuant
vn sien pourtraict, le iour de S. Iean Baptiste,
en l'année 1601. & fut en mesme instant miraculeusement guarie : tellement qu'elle s'en alla
rendre graces à Dieu, auec toutes les autres Religieuses, qui en chanterent le *Te Deum*.

Vne Religieuse Capucine estant presque reduite à
l'extremité par vne fieure incurable, qui
l'auoit tenue trois ans durant, recou-
ure miraculeusement la santé.

Chap. II.

CANDIDA Agudi Religieuse au Conuent
des Cappucines de saincte Praxede, de la
mesme cité de Milan, ayant esté tourmentée
par l'espace de trois ans durant d'vne fieure
ectique de la troisiesme espece, que les Medecins tiennent incurable, se preparoit à la mort,
& auoit dé-ja receu les Sacrements, voyant
que son mal empiroit de iour à autre, lors que
s'estât vouée à l'heure mesme à sainct Charles,
elle se leua lors qu'on y pensoit le moins, saine
& gaillarde de sa couche, où elle auoit alitté
trois ans durant : & ce le iour de la feste de sainct
Pierre, & S. Paul Apostres, en l'année 1601. &
apres sa guarison s'en alla à l'Eglise, pour y
rendre graces à Dieu, au grand estonnement
de toutes les Religieuses.

H

CHAP. III.

EN l'an 1604. au mois d'Octobre vn enfant nommé Philippes Naua nasquit aueugle en la ville de Milan, ayant outre ce les parties nobles fort offencées, pleines d'vne matiere purulante, & deux monstrueuses tumeurs aux yeux de la grosseur de deux demy-œufs. Maladie que sa mere nommée Lucina croyant estre du tout incurable, attendu que le mal s'augmentoit de iour en iour, le vingt-cinquiesme iour d'apres la naissance de ce sien fils, pria sainct Charles de l'assister, comme il faisoit plusieurs autres malades, attendu qu'elle auoit donné le nom de Charles à son fils, pour la particuliere deuotion qu'elle auoit voüée à ce Sainct. En mesme instant sainct Charles apparut visiblement : la sœur de cet aueugle né aagée de cinq ans le vid, qu'il donnoit la benediction à son frere, lequel receut guarison, & en presence de sa mere aduertie par ceste fille recouura la veüe.

CHAP. IIII.

MARTHE de Vighi Millanoise, auoit perdu entierement la veüe par vne gráde maladie qui luy suruint aux yeux, sans espe-

rance de la pouuoir iamais recouurer, car tous
les remedes qu'elle y auoit peu apporter durant
six ans entiers, n'auoient de rien profité. L'an
1601. elle vid en vision en dormant ce bien-
heureux Archeuesque, qui disoit qu'elle se
transporta vers sa sepulture, & qu'elle recou-
uriroit la veuë. Vn Vendredy matin elle s'y fit
mener, & apres auoir offert sa priere à ce
Sainct, elle baisa la pierre qui couuroit son
tombeau : En mesme instant sainct Charles luy
rendit la veuë.

Il guarit en moins de rien vne Religieuse estropiée
d'vne jambe, & accablée de plusieurs
autres maladies.

Chap. V.

CANDIDA Françoise de Forti Religieuse
du Monastere de saincte Agnes de Milan,
auoit tenu le lict l'espace de vingt-deux mois,
estropiée d'vne jambe, saisie d'vne grosse fieure
auec vn catarre, & tourmentée de grieues douleurs par tout son corps. Tous ces maux qui
sembloient incurables, donnoient peu d'espe-
rance aux Medecins de sa vie : Mais neātmoins
le vingt-deuxiesme de Iuin 1601. Ceste pauure
Religieuse demandant guarison à sainct Charles, auec vne grande ardeur de deuotion, tenant en main vn sien pourtraict, elle sentit en
mesme instant comme vn petit vent doux, qui
luy descendoit de la teste, & passoit par tout

son corps, & luy emporta tous les maux qu'elle souffroit : tellement que sa jambe estropiée qui estoit plus courte d'vne palme que l'autre, se trouua tout aussi tost guarie, & remise en son premier estat, de telle façon qu'en mesme instant elle se leua de son lict saine & gaillarde, & s'en alla à l'Eglise pour y rendre graces à Dieu.

Il donne guarison à vn malade, qui auoit vne gangreine en la iambe.

CHAP. VI.

IEAN Iacques Lomazzo Gentilhomme Milanois, ayant la gangreine en la jambe, laquelle l'auoit tenu cinq ans durant, s'irritant tous les iours de plus en plus, de façon qu'il ne se pouuoit plus tenir sus pied, & ne pouuoit faire vn pas, qu'il ne fut appuyé d'vn baston, sans que les remedes des hommes, luy peussent apporter aucun allegement, veu mesme que les plus habiles Chirurgiens de Milan l'auoient abandonné : lors que ceste maladie l'affligeoit le plus, & qu'il sentoit dauantage de douleur, Il demanda la santé à ce sainct Cardinal, le priant à genoux sur sa tombe, que puis que tout le peuple le croioit pour Sainct ; Il luy pleut de luy impetrer guarison de Dieu. Apres ceste demande à peine eust-il ouy la Messe, que tout aussi tost il se trouua guary, & toutes ses playes furent fermées, ce qui aduint le 24 de Septembre, 1587.

Il donne guarison à vne Religieuse septuagenaire,
laquelle par l'espace de huict ans auoit esté
trauaillée d'vne maladie incurable.

CHAP. VII.

ANGELA Antonia de Seni, Religieuse de
Saincte Agnes de Milan, oyant raconter
au mois de Iuin, l'an 1601. plusieurs miracles
que faisoit ce bien-heureux Archeuesque, &
se sentant fort affligée d'vn catarre qui l'auoit
tenuë huict ans durât, de façon qu'elle ne pouuoit vaquer à aucune chose, ny moins se leuer
du lict, ny mesme marcher sans le soustien de
quelque personne, fit vn vœu à ce Sainct, & luy
demanda guarison fort deuotement: elle n'eut
pas si tost acheué sa priere, qu'au mesme instant
elle receut guarison, bien que la maladie fut
iugée incurable par les Medecins, & qu'elle fut
aagée de septante ans, ou enuiron.

Vne hydropique est guarie en vn instant.

CHAP. VIII.

IL y auoit sept ans, que Angelique Landriana,
Cappucine au Monastere de Saincte Praxede,
se sentant fort affligée d'hydropisie auec de grã-
des douleurs aux ioinctures, & en l'estomach,
& vne telle difficulté de respiration, qu'elle
auoit bien de la peine à parler: car elle auoit
l'estomach tout retressi, & tous ses membres
langoureux, & sans aucune force. Parmy tant

de douleurs, apres auoir faict essay, mais en
vain, de tous les remedes humains, & eu recours aux prieres des Saincts Ioachim & Re-
mond, qu'on auoit canonizez peu auparauant,
se sentant touchée interieurement, d'vne inspi-
ration qui sembloit luy dire qu'elle receuroit
guarison de Sainct Charles : Elle la luy demanda fort instamment, au mois de Septembre, en
l'annee 1602. & soudain elle ouyt vne voix, qui
luy dict par plusieurs fois, qu'elle s'en allast au
Refectoire ; à quoy ayant faict la retiue, elle y
obeyt finalemét par la licence de ses superieurs,
Merueille ! elle n'eut pas si tost mis le pied au
Refectoire, que soudain elle reçeut guarison de
toutes ses maladies, & reprit sa premiere vi-
gueur, & en rédit graces à Dieu, & à S. Charles,
par l'intercession duquel elle auoit esté guarie
miraculeusemét. Depuis elle vesquit tousiours
en commun, & prit tousiours sa refection en
la mesme table de ses autres sœurs, auec autant
de goust & d'appetit, que si elle n'eust iamais
esté malade.

S'estant apparu à vn petit enfant, qui estoit cheu au
fleuue Tissin, il le preserue de la fureur de l'eau,
& l'enleue sain & entier.

CHAP. IX.

IEHAN Baptiste Tirone de Pauie, aagé de cinq
ans, estát cheu la teste la premiere au fleuue
Tissin, l'an 1604. en vn temps auquel à cause

des grandes pluyes ceſte riuiere s'eſtoit deſbor-
dée, appella à ſon ayde Sainct Charles (auquel
ſon pere auoit appris de faire ſa priere deuant
vne ſienne image) & ſoudain ce meſme Sainct
luy apparut viſiblement, & le ſouſleuant hors
de l'eau, le porta à la riue, de la longueur de plus
de cent braſſes deſſus la riuiere, & ainſi le ſauua,
& ce en la preſence de pluſieurs perſonnes qui
l'auoient veu cheoir, & qui le tenoient pour
noyé.

Il guarit en vn inſtant vne dame, laquelle oppreſſée
d'vne fieure, & d'vne goutte arctetique
n'attendoit que la mort.

Chap. X.

Angela Paula Bottigella de Pauie, eſtant
au lict, l'an 1601. ſi tourmentée d'vne fieure, & d'vne goutte arctetique, qu'elle ne pouuoit remuer aucun membre de ſon corps, ains
eſtoit en vn euidét danger de ſa vie, bien qu'elle
ne manqua pas de remedes, mais qui eſtoient
vains, demanda à ce Sainct, qu'il luy fit ceſte
grace, que de luy donner guariſon, auſſi bien
qu'il luy eſtoit permis de regarder ſon pourtraict, fut miraculeuſement exaucée, & tout
auſſi toſt ſe leua ſaine du lict.

*Il redreſſe les pieds à vne petite fille,
qui eſtoit née eſtroppiée.*

CHAP. XI.

MARGVERITE fille d'Angelus Mons,
Milannois, eſtant née eſtroppiée des deux
pieds, leſquels elle auoit tout crochus, & les
plantes toutes retirees vers la iambe : ſa mere
nommée Militia Verga, l'enuoya en l'aage de
ſix ans, & en l'année 1601. au ſepulchre de ce
Sainct Cardinal, pour y offrir vn cierge, & luy
demander guariſon, ce qu'elle fit, & ſoudain le
pied dextre luy fut redreſſé : pour la ſeconde
fois y eſtant retournee, pour y faire la meſme
deuotion, le ſeneſtre luy fut ſemblablement
guary, ſans qu'il y reſta aucune marque, qu'elle
euſt eſté iamais eſtroppiée.

*Il guarit vn Cappucin d'vne eſtrange maladie, qui
l'auoit tenu l'eſpace de vingtquatre ans.*

CHAP. XII.

FRERE Sebaſtien de Plaiſance, de l'ordre des
freres Cappucins, auoit eſté tourmenté par
l'eſpace de vingtquatre ans, d'vne maladie in-
cognuë aux medecins, & dont les accidens
eſtoient du tout eſtrãges & terribles, auſſi bien
que les douleurs : car lors que ce mal le prenoit,
toutes les parties de ſon corps s'eſbranloient
de telle façon, cinq ou ſix fois le iour, qu'il le
faiſoient frapper des mains, de la teſte, & des
pieds

pieds contre la muraille, comme s'il euſt eſté hors d'entédement. Ceſte maladie ne pouuant eſtre guarie par aucun medicament, le patient s'en alla viſiter le tombeau de Sainct Charles, en l'an 1602. où il reçeut entiere guariſon : accópagné d'vne grande conſolation en ſon ame.

Vne eſtroppiée reçoit guariſon par l'interceſſion de ce Sainct.

CHAP. XIII.

IEHANNE fille de Iehan Baptiſte Maro, habitant de Milan, ayant les iambes & les pieds eſtroppiez de telle façon qu'elle ne s'en pouuoit ayder, car toutes les ioinctures des genoux eſtoient dénoüees, tellement qu'elle iettoit les iambes par deſſus ſes eſpaules, & ne pouuoit marcher qu'en ſe trainaſſant par terre : Paruenuë qu'elle fut à l'aage de quatre ans, elle reçeut guariſon ſur le tombeau de Sainct Charles, au mois de Iuillet, 1604. bien que ſa mere n'en fit point de requiſition à ce Sainct.

Il guarit vne femme d'vne gangreine qu'elle auoit en la iambe.

CHAP. XIV.

AVRELIA des Anges, Milanoiſe, auoit la iambe feneſtre toute rongée d'vne gangreine, la chair & les nerfs tous gaſtez, & ſes playes qu'elle auoit portées trois ans toutes pleines d'vne matiere purulante, d'où ſortoit

vne telle puanteur, que le Chirurgien mefme
ne la panfoit qu'à regret; Ce mal eftoit fuiuy
d'vne fieure continuë, qui ne l'abandonnóit iamais, & à laquelle les Medecins ne fçauoient
quels remedes appliquer : Ce qui fut caufe, que
en l'an 1601. elle inuoqua à fon ayde ce biéheu-
reux Archeuefque, & apres s'eftre profternée
à genoux deuant vne fienne image, elle reçeut
guarifon, fes playes fe rénfermerent, & foudain
fa iambe qui s'eftoit retirée à caufe des nerfs
offenfez, retourna en fon premier lieu.

Il deliure vne femme qui auoit efté poffedée du malin
efprit, par l'efpace de trente fix ans.

CHAP. XV.

ANASTASIA de Maggi, Milanoife, auoit
efté poffedée du malin efprit, par l'efpace
de trente fix ans, pendant lequel temps, apres
auoir faict effay, mais en vain, de tous les remedes à elle poffibles, & s'eftre voüée à plufieurs
Saincts, où elle alla en pelerinage, eut finalemét
recours à ce Sainct Archeuefque, & pendant
qu'elle le prioit deuant vne fienne image, vn
Vendredy 22. de Nouembre, en l'an 1601. elle
fe fentit frapper la poictrine de telle façon
qu'elle cheut à terre toute pafmée deux heures
durant, apres lefquelles eftant reuenuë à foy,
elle fut finalement deliurée, & nè fut depuis
iamais plus poffedée du malin efprit.

Il guarit vn petit enfant creué, & fort malade.

CHAP. XVI.

MELCHIOR fils de Hierofme Bariola de Chignolle, aagé de cinq ans, eſtoit ouuert & creué par tout le ventre, ſans que les remedes luy profitaſſent de rien. Cet accident luy eſtoit ſuruenu à force de crier, vn iour ſecond d'Auril, de l'annee 1602. auquel ſa mere nommée Agnes, l'auoit laiſſé tout ſeul dans ſon lict. Sa mere voyant le piteux eſtat de ſon fils, & comme il ſouffroit vn extreme tourment, toute tranſie de douleur, ſe mit à genoux deuant vne image de ſainct Charles, à laquelle ce ſien enfant auoit voüé vne particuliere deuotion, & le pria, qu'il luy pleuſt de donner guariſon à ſon fils, ou prier Dieu qu'il l'appella du monde, afin qu'il ne ſouffrit plus tant de mal. A peine euſt elle acheué ſon oraiſon, que le petit enfant s'éueilla tout ioyeux, diſant à ſa mere que le Cardinal luy eſtoit apparu, & qu'il luy auoit touché ſon mal auec la main, en l'vn des doigts de laquelle il portoit vn anneau fort reluiſant, & qu'il eſtoit guary: A l'heure la mere ayant pris de la lumiere, regarda le ventre de ſon fils, & trouua qu'il eſtoit guary, & ſa playe parfaictement conſolidée.

I ij

*Il guarit vne Conteſſe de Pologne , eſtroppiée
des mains.*

Chap. XVII.

LA Conteſſe Anne Miſckouueki Branika, ſœur du grand Mareſchal du Roy de Pologne, eſtát eſtroppiée d'vne main, de ſorte qu'elle ne pouuoit s'en ayder en aucune façon, ny meſme en coupper du pain, outre ce qu'elle ſouffroit de grandes douleurs, & que le mal eſtoit tenu pour incurable ; attendu que les medicamens qu'on y auoit appliquez vnze ans durant, n'y auoient de rien ſeruy, ſe reſolut finalemét d'auoir recours à Sainct Charles ; ainſi lors que ſes douleurs l'affligeoient le plus, s'eſtant miſe à genoux deuant vn image de ce glorieux Sainct, qu'elle auoit en ſa chambre. Et le iour de la Touſſainct, l'an 1604. luy demandant ſecours, non ſans vne grande abondance de larmes, reçeut guariſon tout en vn inſtant, en la ville de Niepolonicz, qui n'eſt gueres diſtante de Craçouie.

ACTES FAICTS POVR LA CANONIZATION DE SAINCT CHARLES.

Des premieres procedures faictes à Milan,
& en plusieurs autres lieux.

CHAP. I.

A renommée de la sainĉteté, &
bon exemple de vie de ce sainĉt
Cardinal s'estant esparse par tous
les coings de la Chrestienté, &
Dieu faisant tous les iours de
grands miracles par l'intercession d'iceluy, la
venerable Congregation des Confreres de
sainĉt Ambroise estima estre de son deuoir,
entant qu'il auoit esté le fondateur de cette
Confrairie, de proceder aux informations de
la sainĉteté de la vie, aux actions esmerueil-
lables, & aux miracles de ce sien fondateur,
afin que la memoire en restant iamais eternelle. A ce deuot dessein, fit encore instance
le vingt-sixiesme Feurier, en l'année 1601.
Monseigneur le Reuerendissime Barthelemy
George, pour lors Vicaire general de Milan,
lequel prestant son consentement à vne af-

faire de telle importance y voulut proceder
auec les formes accoustumées . A cet effet
il fit faire vne assemblée des plus graues &
doctes Canonistes & Theologiens du Conseil,
desquels il forma les susdites procedures, auec
l'examen de trois cens trente tesmoignages.

Et par ce que les effets des miracles de ce
Sainct s'estendoient en plusieurs villes & Prouinces ; en ce mesme temps on fit diuerses
procedures à Pauie, à Cremone, à Boulon-
gne, à Pize, & en plusieurs autres lieux des
Euefchez des mesmes Villes ; & depuis le tout
fut enuoyé à Milan, pour estre serré en l'Ar-
chiue Archiepiscopal.

La Ville , & le Clergé de Milan deleguent à
Rome des Ambassadeurs, pour proceder à la
Canonization de sainct Charles , sous le
Pontificat de Clement VIII.
de ce nom.

CHAP. II.

L'ARDEVR & la deuotion que tout le peuple auoit à ce Sainct prenant accroissement de iour en iour, & plusieurs estrangers
accourans à la foule, des pays les plus lointains, pour visiter son sainct sepulchre, &
luy demander guarison en leurs maladies, &
secours en leurs necessitez ; veu mesme que
pour marque de plus grande veneration ils
luy offroient de fort riches presens , & vne

infinité de cierges ; Tout le Clergé de la Ville & du Diocese de Milan, voyant que la bonté diuine multiplioit de iour à autre les miracles de ce sien seruiteur; fit vn Concile Diocesain sur le commencement du mois de May, en l'an 1602. & ce par le congé special de l'Illustrissime Cardinal Federic Borromée, Archeuesque. A cet effet il esleut six Procureurs generaux des principaux du Clergé; ausquels il donna d'assez amples moyens pour s'en aller à Rome en Ambassade, deuers le Pape Clement VIII. de ce nom, & y conclurre la Canonization de leur Archeuesque. A cette Ambassade furent deputez Octauian Albiato, Archiprestre de l'Eglise Metropolitaine; Iean Pierre Barro, Chanoine & Docteur de la grande Eglise de sainct Ambroise de Milan, & Ierosme Settali, Archiprestre de Die Monza.

Le Concile general de la ville de Milan, en fit de mesme, & esleut autres trois Ambassadeurs Laiz, pour s'en aller à Rome, apres en auoir delegué d'autres en Espagne, deuers la Majesté Catholique de Philippes III. Ces Ambassadeurs furent, Iean Baptiste Chastillon Docteur Collegial, & Vicaire des prouisions, Octauiano Visconte, & Iean Baptiste Serbellone.

Ces Ambassadeurs arriuerent à Rome au mois de Ianuier, en l'an mil six cens & quatre. Ceux de la ville eurent audiance au Consistoire le quatriesme iour du mois suyuant

Feurier, & ceux du Clergé quatre iours apres
en la chambre Apostolique, & en presence
des Illustrissimes Flaminio Plato, Paul Sfondrato, & Alfonse Visconte, Cardinaux, Milannois, lesquels tous d'vn commun accord
prierent sa Saincteté, tant par parolles que
par escrit de conclurre cette Canonization,
puis qu'il paroissoit assez par plusieurs eui-
dents miracles, combien grande estoit la sainteté de vie de ce Sainct, selon la procedure qui
en auoit esté des-ja faicte : comme aussi on
pouuoit remarquer par le rapport que M. Aurelle Grattarola General des Confreres des
oblats de sainct Ambroise, maintenant Chanoine ordinaire du Dosme de Milan, en auoit
faict à sa Saincteté. Plusieurs autres instances
suyuirent celles-cy. La premiere & principale
de toutes, fut celle du Roy Philippes III. lequel supplioit affectionnément le Pape par lettres, & par le Marquis de Villena son Ambas-
sadeur, de conclurre ceste Canonization. Don
Charles Emmanuel Duc de Sauoye en fit de
mesme, comme aussi Don Rannucio Farnese,
Duc de Parme, les Cantons des Suisses Catholiques, les deputez de Venise, la fabrique du
Dosme de Milan enuoya des Ambassadeurs &
Agents, & la Congregation des Oblats de sainct
Ambroise, delegua son General deuers sa Sainteté en poste.

Comme

*Comme cet' affaire fut commise premierement
à la Congregation des sacrées Coustumes, & depuis à trois Auditeurs
de la Rotte.*

CHAP. III.

LE Pape Clement VIII. de ce nom, apres
auoir presté l'oreille à ceste instance, com-
mit cest' affaire, auec vn particulier Breuet à la
Congregation des sacrées Coustumes, luy en-
joignant d'examiner attentiuement toutes les
procedures qui en auoient esté faictes, pour en
faire en apres le raport pour y proceder selon
l'ordonnance des sacrez Canons, & des statuts
de l'Eglise Catholique Romaine. Ceste saincte
Congregation apres auoir veu toutes les procedures, & consideré les merites de cest' affaire,
rapporta à sa Saincteté, qu'elle pouuoit estre
commise à quelques Auditeurs de la sacrée
Rotte, à celle fin, qu'ils disposassent meure-
ment de tout ce qui y estoit necessaire. En
mesme instant sa Saincteté en donna la charge aux trois premiers Auditeurs, à sçauoir à
Monseigneur François Penia Doyen d'Ara-
gon, à Iean Garsia Mellino Romain, & à
Alexandre Litta Milannois, lesquels iugerent
estre conuenable de faire de nouuelles procedures, auec l'autorité du sainct Siege, lesquels
deleguerent à ce sujet pour Commissaire, les
Reuerendissimes Euesques Philippes Archinto
de Come, & Claude Rangon de Plaisance,

Mais le Pape Clement VIII. venant à mourir fur ces entrefaictes, comme aufli peu apres Leon XI. fon fuccefleur, fit retarder l'execution de cefte Commiffion, & fut caufe qu'on ne peut faire de nouuelles procedures à Rome auant le mois de Iuin de l'année 1606. Depuis Monfeigneur Mellino qui eft maintenant Cardinal, fut delegué par le Pape Paul V. Nunce en Efpagne, & Monfeigneur Alexandre Iufte fut deputé en fa place. Quelque peu apres Monfeigneur Litta venant à mourir, Monfeigneur Bernardin Scotto entra en fa place, lequel finalement ne furuefquit pas beaucoup, car il mourut en Bohemie pour le feruice du fainct Siege, auquel fucceda Monfeigneur Horace Lancellot.

Noftre fainct Pere le Pape V. commet les procedures de cet' affaire aux fufnommez Auditeurs de la Rotte.

CHAP. IV.

PLVSIEVRS nouuelles pourfuites ayant efté faictes pour cefte Canonization vers noftre fainct Pere le Pape Paul V. par les Roys d'Efpagne, de Polongne, & par Sigifmond III. Roy de Suede, & par la Royne Conftance d'Auftriche fa femme comme aufli par tout le facré College des Cardinaux de Milan, & finalement par tous les Euefques de cefte mefme Prouince, lefquels affemblez au septiefme Concile Prouincial , efleurent les Reuerendiffimes Euefques Charles Bafcapé de Nouare , & Tullius Caretto de Cafale , & les deleguerent à ce fujet Ambaffadeurs deuers fa Sainéteté , deputez encores par Don-Vincent Gonzaga Duc de Mantoüe. A cefte occafion fa Sainéteté enjoignit à ces fufnommez Auditeurs de la Rotte de vacquer foigneufement & auec toute diligence à cet' affaire, pour la mettre à fin le pluftoft qu'il feroit poffible. Ceux-cy apres auoir examiné diligemment toutes les procedures , comme requeroient les merites d'vne affaire fi importante, conclurent en huiét Congregations qu'ils firent depuis le trentiefme de Nouembre 1607. iufqu'au 15 de Septembre 1609. que la Sainéteté de vie & les miracles de fainét Charles auoient efté fuffifamment prouuez , pour fa Canonization: & apres la mort de Monfeigneur Iufte, Meffeigneurs François Penia Chanoine , & Horace Lancelot en firent rapport de bouche à fa Sainéteté, le 7. de Decembre en la mefme année 1609. comme auffi la Congregation des facrées Couftumes le 12. de ce mois, luy prefenta par efcrit, comme c'eft l'ordinaire, les procedures qu'elle auoit faiétes pour les preuues de la Canonization de ce Sainét.

K ij

C'eſt' affaire eſt de nouueau examinée , &
approuuée en la Congregation des
ſacrées Couſtumes.

CHAP. V.

LE ſainĉt Siege Apoſtolique procede auec
tant d'attention & conſideration en la
Canonization des Sainĉts, par ce que c'eſt l'vne
des plus importantes affaires qui ſe traiĉtent,
que non contant du iugement des Auditeurs
de la Rotte deputez, bien qu'ils en euſſent faiĉt
vne diligente & exaĉte recherche , comme
auſſi ceux de la Congregation des ſacrées
Couſtumes . C'eſt pourquoy Meſſieurs les
Cardinaux de ceſte Congregation ayant eu
le rapport des Auditeurs par eſcrit , & chacun
d'eux vne copie de toutes les procedures, firent à la recherche de cet' affaire auec vne
grande diligence , & meure conſideration , &
bien que les Auditeurs euſſent ſeparé auec vn
ſi bel ordre toutes les matieres, qu'en ſix Congregations elle pouuoit eſtre facilement deter-
minée, ſi eſt-ce neantmoins que ces Cardinaux,
pour leuer tout ſoupçon , qui euſt peu eſtre
cauſé en canonizant leur compagnon , firent
onze Congregations dés le 23. de Ianuier , iuſqu'au 26. de Iuin 1610. au Palais de l'Illuſtriſſime Seigneur Dominique Pinello Cardinal,
Doyen du ſacré College, & Chef de la Congregation, eſquelles aſſiſtoient Meſſeigneurs les
Illuſtriſſimes Cardinaux, Dominique Pinello,

Anthoine Maria Gallo , François Maria du
Mont, Robert Bellarmin , Ierofme Pamphilio,
Iehan Garfia Mellino , Iehan Baptifte Leni,
Edoüard Farnefe, André Peretti , Silueftre Al-
dobrandin, Ferdinand Gonzaga, & Louys Cap-
pon , & Monfeigneur Anthoine Maffa Protonotaire Apoftolique : Lefquels felon le mefme
ordre du rapport à eux faict, examinerent auec
vne exacte diligence , les conclufions formees
au rapport des Auditeurs , & conclurent que
les procedures auoient efté bien & deuëment
faictes , & par les preuues contenuës en icelles
refultoit la faincteté de vie, l'excellence de foy,
& les miracles de Sainct Charles , vray & fidele
feruiteur de Dieu. Sa Saincteté ordonna en
apres à Monfeigneur l'Illuftriffime Cardinal
Pinello, de mettre foudain en ordre le rapport
qu'il deuoit faire au Confiftoire fecret , pour
proceder diligemment en ceft' affaire.

*Des trois Confiftoires ordinaires , à fçauoir,
fecret, public, & à demy-public.*

Chap. VI.

L'Eglife Romaine a accouftumé de tout téps
de faire trois Confiftoires ordonnez par les
liures des Sacrées couftumes , en cefte façon.
Premierement auant que venir à la Canonization, on faict vne exacte recerche de l'affaire
en laquelle on procede. Ainfi fit le Sacré College, & tous les autres Prelats, qui furent depu-

rez pour ceſte Canonization. A cauſe dequoy obſeruant cet ordre, le 30. d'Aouſt, iour de Lundy, de ceſte preſente annee 1610. on fit vn Conſiſtoire ſecret, auquel Monſeigneur l'Illuſtriſſime Cardinal Pinello, fit ſon rapport en Latin, faiſant vn ſommaire de la vie, vertus, excellence de foy, ſainĉteté, & miracles de ce grand ſeruiteur de Dieu. Le ſacré College fut fort bié informé, & recogneut que tout ce qui eſtoit requis pour ladite Canonization, eſtoit parfaiĉtement accomply, c'eſt pourquoy il iugea que ſa Sainĉteté pouuoit paſſer outre, ſi bon luy ſembloit.

Le Conſiſtoire public fut tenu le 4. de Septébre, en la ſale Royale, auquel le Doĉteur Iules Roma, Milanois, yſſu d'vne noble extraĉtion, Aduocat Conſiſtorial en la Cour de Rome, fit vne eloquéte oraiſon en Latin, ſur la vie & miracles de ce Sainĉt, apres laquelle, flechiſſant le genoüil deuant ſa Sainĉteté, il la ſupplia affeĉtionnement au nom du Roy Philippes III. & de pluſieurs autres Princes, comme auſſi de la part de la Cité de Milan, de vouloir celebrer ceſte Canonization tant deſirée de toute la Chreſtiété; Auquel Mõſeigneur Pierre Strozzi fit reſponſe pour ſa Sainĉteté, que ceſte demande luy eſtoit fort aggreable : mais par ce que c'eſtoit l'vne des plus importantes affaires qui ſe traiĉtoient au ſainĉt Siege, elle en vouloit faire vne exaĉte recerche auec vne meure attention. Bref il enhorta tous les Cardinaux & Prelats, aux ieuſnes, prieres, & aumoſnes, pour

implorer le secours d'enhaut, afin que la Diuine Majesté vint à inspirer ce qui seroit à sa plus
grande gloire, & au seruice de sa saincte Eglise.

Le dernier Consistoire à demy-public, fut
tenu le 20. du mesme moys, auquel assisterent
vingt-sept Cardinaux, deux Patriarches, & tré-
te-vn Archeuesques & Euesques, auec quelques Protonotaires, le College des Auditeurs
de la Rotte, le maistre du sacré Palais, les Secré-
taires, & le Procureur fiscal. Le Consistoire as-
semblé, sa Saincteté fit vne deuote & eloquen-
te oraison sur le suject de ceste Canonization.
Apres laquelle, les Cardinaux commencerent
à donner leurs voix, & puis les Patriarches, en
apres les Archeuesques & Euesques. Lesquels
tous d'vn commun accord, dirent que puis que
l'affaire estoit assez manifeste à tous, que la
Saincteté de vie du bien-heureux Charles auoit
esté assez prouuée par les procedures qui en
auoient esté faictes, & encores par les miracles
que Dieu auoit faict par son intercession, qu'il
pouuoit estre canonizé. Alors sa Saincteté,
auec le conseil & consentement de tous, con-
clud qu'il seroit Canonizé, & en fit vn Decret.
Apres lequel le seigneur Prosper Farinaccio
Procureur, dict aux Protonotaires & Secretaires qu'ils fissent plus d'vn instrumét de ce conseil & consentement des sus-nommez Cardinaux, Patriarches, Archeuesques & Euesques;
puis que pour vn tel effect, ils assistent d'ordinaire en semblables Consistoires. Les Auditeurs de la Rotte, y furent semblablement pre-

fents, principalement ceux qui auoient esté deputez pour la recerche de cet' affaire, afin qu'ils
fuffent tefmoins oculaires , pour leuer tout
foupçon qui eut peu furuenir.

Finalement fa Sainéteté enhorta vn chacun
d'offrir des feruentes prieres à Dieu, accompa-
gnees de ieufnes & aumofnes, afin qu'elle ne
laifsa point errer fon Eglife en vne affaire de fi
grande importance. En apres fa Sainéteté de-
clara qu'elle celebreroit la Canonization de ce
Sainét, le premier iour de Nouembre, de cefte
mefme annee 1610.

Des aumofnes faictes apres ces Confiftoires.

CHAP. VII.

LES liures des facrées Couftumes ordónent
qu'en la Canonization des Sainéts, on di-
ftribue aux pauures vne certaine quantité d'aumofnes. Les Milanois ne manquerent pas en
cefte occafion, de donner vn clair exemple, &
vne fignalée preuue de leur grande pieté, car ils
veftirent de drap neuf les pauures nommez du
Letteratto au nombre de 150. & dónerent aux
autres pauures & lieux devots de Rome, iufqu'à
la fomme de mil efcus.

A p-

APPAREILS ET
ORNEMENS FAICTS
pour la Canonization de
SAINCT CHARLES.

'EST vne Couſtume ordinaire qu'en toutes les Canonizations, ceux qui font pourſuitte, font faire de precieux & riches ornemens pour vne telle ſolemnité, leſquels demeurent en apres en la Chappelle du Pape, pour perpetuelle memoire. Les Milanois reſolurent en ceſte Canonization (leſquéls ſe monſtrent touſiours en toutes entrepriſes ſplédides & genereux) de ne s'arreſter point aux termes accouſtumez des autres Canonizatiós déſ-ja faictes, ains de les accroiſtre: puis qu'ils ſçauoient fort bien qu'ils ſeruiroient à ſa Saincteté, laquelle ne reçoit point ſi grand contentement, que lors qu'elle void reſplendir les choſes appartenantes au culte diuin d'vne bien ſeance, & Majeſté Eccleſiaſtique, principalement en vn ſujeƈt ſi digne que ceſtuy-cy. Ayant donc pris la charge de faire tou-

L

tes les defpenfes, & appareils de cefte Canonization (auec vn zele & amour incroyable enuers leur fainct Archeuefque) Les Seigneurs
deputez de la fabrique du Dofme de Milan, firent faire les riches & fuperbes paremens, &
ornemens en cefte ville.

Ornemens pour fa Saincteté, pour celebrer la
Canonization & la Meffe.

CHAP. I.

ILS firent faire vne chappe auec vne queüe de
drap blanc, toute bordée d'or & d'argent, au
milieu de laquelle eftoient les armoiries Pontificales, le bord d'icelle eftoit de toille d'or fort
riche, tiffue en foye couleur d'or, bordée de
diuerfes tiffures d'or & d'argent, diuifees en
douze champs, my partis & diuerfifiez par gro-
tefques, qui reprefentoient le corps des Armoiries de noftre S. Pere, auec vne admirable
inuention où eftoient adiouftées les images de
S. Pierre, & de S. Paul, de S. Barnabé, de S. Gregoire, de S. Ambroife, & de S. Charles, le tout
faict à la pointe de l'aiguille fort artiftement,
aux extremitez des bordures fe voyoient les
armoiries de fa Saincteté, embellies de la mythre & des clefs, faictes d'or & d'argent.

Le cappuchon du manteau eftoit femblablement faict à l'eguille, où eftoit reprefentée l'i-
mage de la glorieufe Vierge, tenant fon enfant
entre fes bras, & plufieurs Anges s'y voyoient
à l'entour. Cet ouurage eftoit fort beau, enri-

chy d'vne frange toute d'or, & entretiſſue de filet d'argent. Les bords du manteau eſtoient tous frangés d'or : & les doubleures de ſoye blanche, auec trois grands anneaux, & ſix mailles d'or maſſif pour le pectoral.

Vne Chaſuble du meſme drap, bordee comme le manteau, quant au deſſein, mais beaucoup plus riche; car les paremens de la croix faicte de toille d'or, eſtoient fort ſomptueux & bien garnis. En icelle ſe voyoient depeintes trois belles hiſtoires; ſçauoir la Natiuité de Ieſus Chriſt, l'Adoration des Roys, la diſpute au Temple entre les Docteurs, & au bas les armoiries de ſa Saincteté. Au deuant de la chaſuble il y auoit ſemblablement trois autres hiſtoires; ſçauoir celle de la Reſurrection, de l'Aſſumption, & de la deſcente du S. Eſprit ſur les Apoſtres. Aux deux coſtez qui fermoient la croix, par le deuant ſe voyoit auſſi l'Anonciation de l'Ange à la Vierge. Bref toute la chaſuble eſtoit embellie d'vne frange d'or, faicte fort artiſtement, & ſes bords de ſatin blanc, ſe rapportans au manteau.

Deux eſtoles de meſme drap que la chaſuble, & de ſemblable deſſein, auec les croix miſes au lieu accouſtumé, toutes en broderie : & en place d'icelles deux Anneaux Paſchaux faits de perles de grand prix. Ces eſtoles eſtoient frangees de paſſement d'or; où ſe voyoient aux extremitez d'icelles des petits floccons d'or au lieu de franges.

Vne Aube d'vne toille extremément deliée

où estoient figurez diuers desseins, tous faicts à l'aiguille. Il y auoit aux extremitez vn riche bord de fin or; aux manches vne frange de grãd valeur; & au dessus vne croix frangee d'or, & faicte à l'aiguille.

Vne ceinture de soye blanche, auec ses lacets doubles, aux bouts desquels pendoient des floccons d'or, pour ceindre l'aube de sa Saincteté.

Vne Dalmatique Põtificale d'ormesin blanc, auec des passemens & franges d'or & de soye blanche.

Vne paire de gands pontificaux, faicts de soye blanche, & tissus d'or, auec leurs paremens, franges & floccons de fin or.

Les escarpins ou sandales Pontificales, parees fort richement, & embellies de diuers passemens, floccons & boutons d'or pour les lacer.

Vn voile pour couurir le Calice de drap d'argent, au milieu duquel estoit representee la Cene du Sauueur, faicte à pointe d'aiguille de soyes de diuerses couleurs: enluminée d'or & d'argent, & embellie de diuers ornemens faicts auec vne inuention du tout admirable. Le reste du voile estoit parsemé de diuers fueillages, fruicts & fleurs; & les bords faicts à points d'aiguille, sur-hauffez de l'espesseur de cinq doigts; œuure d'inestimable valeur.

Vn pectoral de drap blanc, tout bordé d'or, où se voyoit figurée vne croix auec ses franges toutes dorées.

Vn ſuccinctoire de meſme ouurage en broderie, où ſe voyoient deux Agneaux Paſchaux
ouuragez de diuerſes perles, auec leur cordon
d'or & de ſoye blanche, embelly de diuers ornemens.

Vne bourſe pour le Corporal, de la hauteur
de deux palmes en quarré, de toile d'or d'vn
coſté, & de l'autre de toile d'argent en broderie, le tout auec vn beau deſſein. Icelle eſtoit
garnie de paſſement d'or, auec vne fort belle
Croix au milieu.

Vn grand couſſin de drap blanc tout en broderie, où eſtoient les armoires de ſa Sainteté,
qui luy ſeruoit pour s'y appuyer deuant le pulpitre.

La couuerture du pulpitre de meſme drap,
où ſe voyoient encore les armoiries de ſa Sainteté, auec vne infinité de franges d'or.

Vn autre couſſin pour ſe mettre à genoux
de ſemblable eſtoffe, & auec les meſmes paremens que cy deſſus.

Deux couuertures pour le Miſſel, ſe rapportans à tous les autres paremens, auec les franges
d'or en haut & en bas, & les attaches faictes en
broderie d'argent.

Vne autre couuerture de drap d'argent, bordée de ſoye de couleur d'or, & embellie de diuerſes franges, pour couurir le ſiege de noſtre
ſainct Pere le Pape, auec vn couſſin de meſme
drap tout ouuragé de fil d'or.

Vn poële pour le meſme throſne de ſa Sainteté, auec vn ciel long de treze palmes & demy,

& larges de seize palmes : les pendans ou attaches de la longueur de vingt-deux palmes, tout
broché d'or & d'argent ; & pourfillé de soye
cramoisie. Au grand chãp d'iceluy se voyoiét
dépeintes d'vn costé les armoiries de la Sainteté, sçauoir vn Dragon & vn Aigle; & de l'autre les Clefs, ensemble vne Croix Pontificale.
Aux champs les plus petits se lisoit ce chiffre
entrelassé, & faict fort artistement PAVLVS
QVINTVS PONTIFEX MAXIMVS. Le
ciel estoit entouré de diuers floccons pendans
des deux costez, & longs de deux palmes &
demy. En chasque pendant, tant deuant que
derriere se voyoiét dépeints des Dragons & des
Aigles. Le quarré du poële auoit ses pendans &
attaches embellies de franges d'or, & entretissuës de soye cramoisie, auec quaráte floccons,
chascun desquels se fermoit d'vn bouton d'or.

Vne nape d'vne fine toile pour couurir les
paremens de nostre sainct Pere.

Vn fin linge de toile de Cambray, long de
quinze palmes, & de la largeur de la toile, mi-
parti en treze pieces ouuragées fort artistemét,
pour couurir les paremens de sa Sainceté.

Paremens pour les assistans & Officiers.

CHAP. II.

VNE chappe pour le Cardinal Euesque as-
sistant, de drap blanc en broderie d'or, se
rapportant à celle de sa Sainteté: ses franges
estoient de toile d'or, entretissuës de diuerses

foyes, & enluminées d'or & d'argent, le toué fait à pointe d'aiguille. En icelle se voyoit dépeint le regne Pontifical, en broderie d'or, les clefs d'argent, auec vn relief fort riche, bordé de franges d'or, & entretissu de diuerses soyes.

Vne Dalmatique pour le Cardinal Diacre, qui deuoit chanter l'Euangile, & vne robbe pour le Sous-diacre, qui auoit à dire l'Epistre, auec vne estole de drap d'or en broderie, les franges de laquelle estoient releuées en or de la hauteur de trois doigts, où se voyoiēt des deux costez les armoiries de sa Sainteté.

Deux Aubes pour lesdits seruans faictes d'vne toile Baptiste fort deliée, les coustures de laquelle estoient faictes à pointe d'aiguille, & larges de l'espoisseur d'vn doigt.

Deux cordons de soye blanche, auec leurs cordons triples, faits de fil d'or & de soye.

Vne autre Dalmatique pour les seruans Grecs faicte de broquatille d'argent, embellie de diuerses franges, fort richement ouuragées, auec vne estole & le fanon, où se voyoient les armoiries de sa Sainteté. Toutes ces Dalmatiques estoient garnies de cordons & floccons enrichis d'or, & leur champ de soye blanche.

Deux autres Aubes pour les mesmes seruans Grecs d'vne toile fort deliée, ouuragées par les espaules à pointe d'aiguille, & les coustures des manches de la largeur d'vn doigt. Ses bords faits de broccatelle estoient ouuragez à la Grecque fort richement.

Deux cordons de foye blanche, auec leurs floccons triples, comme cy deſſus.

Sept couuertures de Meſſels de drap blanc en broderie, leurs franges baſſes d'or des trois coſtez, retranchées d'or & d'argent.

Deux grands voiles d'argent, embellis aux coſtez de franges baſſes, & releuées en or pour Monſeigneur le Sacriſtain, & les Ambaſſadeurs, qui donnerent à lauer les mains à ſa Sainteté.

Vne autre couuerture pour le pulpitre à poſer le liure, du meſme drap que cy deſſus, embellie de franges d'or ſur-hauſſées d'argent où ſe voyoient d'vn coſté les armoiries de ſa Sainteté, & de l'autre l'image de ſainct Charles, le tout fait de diuerſes ſoyes à pointe d'aiguille.

Quatre robbes pour les Maiſtres des Ceri-monies faites de toile baptiſte, & ouuragés fort richement.

Paremens de l'Autel de ſainct Pierre.

CHAP. III.

LE grand Autel de ſainct Pierre (auquel ſe celebrent d'ordinaire les Canonizations) eſtant fait à deux faces, on fit à cet effect deux paremens de toile d'argent tiſſuë à quatre filets. Leur longueur eſtoit de vingt palmes, leur lar-geur de cinq, leur frontal & colonnes d'enhaut de la demy largeur du drap, entretiſſu d'vne ri-che broderie d'or & d'argent, le tout à diuers deſſeins; En l'vn deſquels ſe voyoient figurées

trois

Croix, auec les mesmes chiffres que ceux du
siege de nostre sainct Pere, en l'autre les armoiries de sa Sainteté, departies en diuers champs.
Sous le frontal y auoit vne frange toute d'or,
haute presque d'vne palme, diuisée en quatre
rangs, & enrichie de diuerses tissures d'or &
d'argent.

Les corps des paremens estoit diuisé en diuers champs esgallement impartis, & embellis
de plusieurs beaux ouurages d'vne admirable
inuention. Au champ du milieu estoit peinte
l'image de sainct Charles vestu en Cardinal, le
diadéme en teste, les mains jointes, & la mittre
ensemble le chapeau de Cardinal à ses pieds.
Aux deux chãps qui estoient à costé, se voyoient
prés de l'image du Sainct deux grandes Aigles
portans des clefs en leurs pieds, & vn regne à
la teste, le tout ouuragé richement, & en relief.
Aux seconds champs, estoient peintes à costé
deux grandes armoiries de sa Sainteté, auec les
clefs & le regne. Aux derniers champs les plus
proches des colonnes, estoient deux autres
Aigles semblables aux premieres. Au milieu de
tous ces champs partis en escusson, se lisoient
ces parolles rangées en chiffre, CIVITAS
MEDIOLANI, SANCTO CAROLO PASTORE
OPTIMO. Ces deux paremens d'autel estoient
presque du tout semblables, & se rapportoient
l'vn à l'autre, excepté, que celuy du deuant estoit
embelli d'vne double frange d'or de la hauteur
cy dessus, & au dessus des champs se voyoient
seize Dragons artistement ouuragez.

M

Il y auoit quatre nappes en l'Autel. La premiere defquelles, longue de 28. palmes, & large
de neuf, eftoit toute damaffée, & faicte à ouurages.

La feconde eftoit d'vne fine toile de la mefme grandeur que la premiere diuerfement ou-
uragée & enrichie de franges.

La troifiefme eftoit de toile fort defliée, de
mefme longueur, faicte à 28. compartimens,
embellie de riches ouurages, & bordée tant du
long que du large de plufieurs riches franges
releuées en or, & tiffuës d'argent.

La quatriefme, qui eft celle de l'*Incarnatus*,
eftoit de fine toile de Cambray, longue de vingt
palmes, & de toute la largeur de la toile. Elle
auoit vingt compartimens tous diuers, & faits
à ouurages d'or de l'efpeffeur de trois doigts, &
au plus haut eftoit diuifée en demies palmes,
meflangées enfemble, & releuées de l'efpeffeur
de quatre doigts. Toutes fes franges d'vn bout
à l'autre efclatoient en or.

Deux autres nappes, de la longueur & largeur de l'Autel. Elles eftoient de toile fort deliée à fonds de taffetas blanc, embellies en bas
d'vn bord de la hauteur d'vne palme, & ouuragées artiftement de foyes de diuerfes couleurs,
le tout fait à pointe d'aiguille, embelly de
plufieurs fueillages ombragez auec vn bel artifice, & reprefentans les mefmes chiffres, dont
nous auons fait mention cy deffus. Les bords
d'icelles eftoient embellis d'ouurages de foye,
& s'alloient joindre aux trois champs dont

l'inuétion eftoit du tout admirable. Au champ du milieu eftoit depeint l'image de fainct Ambroife Archeuefque de Milan, veftu en habit Pontifical, faite de foye à diuerfes couleurs, & enluminée d'or & d'argent. Aux deux coftez paroifloient deux Aigles couronnées, & portans les clefs aux pieds. Bref tout cet ouurage eftoit fait à fueillages, le tout fort artiftement, & de bonne grace.

Deux couflins pour l'Autel, auec les mefmes paremens que les autres dont nous auons parlé cy deuant.

Vn poële fur l'Autel long de trente-deux palmes, & large de vingt-huict, auec cinquante deux pendans longs de fept palmes, le tout à la reffemblance du fiege de noftre fainct Pere. Quant aux fufdits pendans, ils eftoient de brocatelle és deux endroits, embellis de franges de foye cramoifie & de fil d'or, auec leurs floccons d'or, mais bien plus riches & de plus grand prix du nombre de cent quatre.

Deux nappes longues de vingt-quatre palmes, & larges de neuf palmes, ouuragées d'vn bel artifice, tous lefquels paremens furent faits à Milan.

Des Bannieres & Images de fainct Charles.

CHAP. IIII.

Dix bannieres furent femblablement faites à Milan, deux defquelles eftoient longues de vingt palmes, & larges de dix-huict. Quant aux autres elles estoient moindres, & auoient esté faites exprés pour les porter en procession, & les apposer à sainct Pierre, à saincte Marie Majour, à saincte Praxede, à sainct Ambroise à Rome, au Dosme, au sainct Sepulchre, à sainct Dalmate à Milan, ensemble pour en enuoyer vne à sa Majesté Catholique en Espagne. Ces bannieres estoient fort belles, & enrichies de tous costez, & embellies de plusieurs belles inuentions de franges, tant d'or que d'argent, si bien ombragees, qu'on n'y voyoit de toutes parts que brillants. Aux deux premieres se voyoit dépeint sainct Charles en habit de Cardinal, le diadéme en teste, les mains jointes, & la face tournée directement contre vn rayon qui luy descendoit du Ciel, ayant à ses pieds le chapeau de Cardinal & la mitre.

Aux pendans de chasque banniere estoient les armoiries de sa Saincteté, la deuise de ce glorieux Sainct, sçauoir HVMILITAS *coronata*, ensemble les armes de sa Majesté Catholique, & celles de la Communauté.

Aux fonds de ces pendants, qui estoient frangez d'or & de soye cramoisie, se voyoit vn floccon de diuerses soyes & de fil d'or. Aux costez pendoient des attaches de soye, depuis le haut bout iusques aux extremitez, toutes diuersifiées.

Outre ces bannieres, plus de soixante pourtraits à l'huile furent faits à Rome de ce

glorieux Sainct, & bien-heureux Cardinal; lefquels en memoire de cette Canonization, furent departis à la Sainéteté de noftre S. Pere le
Pape Paul V. de ce nom, à chafque Cardinal, &
à plufieurs autres grands Prelats, Euefques, &
perfonnages d'authorité.

*Defcription du Theatre qui fut dreffé en
l'Eglife de fainét Pierre.*

CHAP. V.

ON auoit dreffé dans l'Eglife de S. Pierre au
Vatican, vn Theatre faiét à colonnes, &
arches, auec leurs piedeftaux au deffouz, & au
deffus des corniches, bordures & architraues;
Au milieu fe voyoit vne couronne faiéte de
Ralauftres, le tout de la hauteur de quarante
palmes, & de la longueur de 656. aboutiffant
au Siege de noftre S. Pere le Pape Paul V. de
ce nom.

Ce theatre auec fes piedeftaux & bares faiétes
à corniches, eftoit d'vn bois fort poly ; fes colonnes difpofees en ordre Ionique & entou-
rees de feuillages, eftoient toutes blanches ; &
leurs reliefs frangez d'or, auec vne riche bafe,
& vn chapiteau admirable, pour la fituation &
perfpeétiue.

Sur ces mefmes colonnes fe voyoit vn architraue de relief entaillé tout à l'entour des
arches; & fur l'architraue vne bordure blanche, au fommet de laquelle paroiffoit vne belle

corniche de relief, taillée diuersement, & ses reliefs enrichis de fin or.

Au milieu des susdites corniches se voyoient de longs balustres de bois, & entre iceux diuers piedestaux figurez sur les colonnes, & serrails des arches. Il y auoit encore au dessus des balustres & piedestaux plusieurs bases de relief, tous bordez de fin or, comme aussi leurs balustres & piedestails qui recreoient fort la veüe par leur diuersité.

Entre ces balustres estoient posez septante trois chandeliers de bois blanc, tous faicts à feuilles d'argent en relief, hauts de sept palmes, & leurs reliefs tous dorez: à chacun de ces chandeliers il y auoit vn cierge allumé, pesant trois liures & demy : sur chasque balustre, se voyoit encore vn chandelier blanc, haut de trois palmes & demy, & faict à reliefs d'or, auec vn cierge de mesme poids. Tous les cierges allumés estoient 210. de nombre, & la circonference de leur lumiere se rendoit admirable par toute l'Eglise.

Parmy les susdites colonnes on pouuoit regarder trente-cinq grádes arches dressées à costé, & entaillees diuersement. Il y auoit diuers Cherubins tout à l'entour de leur serrail, & plusieurs autres tels ornemens. La principale arche estoit toute de relief, entaillée fort artistement, & tous les reliefs blancs, & releuez en or.

Pour plus grand embelissement de Theatre, il se voyoit à chasque serail vn relief de la hau-

teur de huict palmes, depeinte d'vn iaune ob-
scur, auec des festons de cotton & d'or tout à
l'entour. Ces reliefs estoient 39. de nombre:
(car les arches voutées à la porte du Temple,
faisoient deux façades) où l'on auoit peinct au
vif les principaux miracles de S. Charles. En
chasque bordure entre les corniches & architraues se voyoit escrite en grosses lettres la de-
claration de chasque miracle. Ce qui esmou-
uoit les ames de tous les regardans, à imiter la
vie de ce Sainct, & suiure les beaux exemples de
ses vertus, qui l'auoient rendu si renommé au
monde, & si glorieux en l'Eglise de Dieu.

Ce Theatre estoit enuironné de plusieurs
galleries fort amples, dressees sur de fermes pi-
lotis, & d'où plusieurs personnes pouuoient
regarder à leur aise; le tout disposé auec vn si
bel ordre, qu'il estoit facile à vn chacun de voir
toutes les ceremonies de ceste Canonization.
Ces galleries estoient fort larges, & au dessus
d'icelles se voyoit le siege de sa Saincteté, des
Illustrissimes Cardinaux, & de plusieurs grands
Seigneurs qui estoient venus à Rome, de fort
loin, pour contempler ces sacrees ceremonies.
On y auoit encore adiousté plusieurs autres
planchers & eschafaux pour la commodité du
peuple.

Tout à l'entour des corniches qu'on auoit
faictes à l'Eglise, se voyoient 412. cornes d'a-
bondance, toutes de relief blanc & frangé de
fin or, qui soustenoient des cierges de la pesan-
teur de quatre liures. Deuant les quatre niches

où repofoient les facrees Reliques, paroiffoient
quatre couronnes Royalles de 20. palmes de
Diametre, fort richement embellies; à chafque
bord defquelles eftoit efcrite cefte ancienne
deuife de la maifon des Borromees, HVMILI-
TAS CORONATA: Sur les feuillages de ces
couronnes brufloit vn cierge de trois liures &
demy, & à cofté d'iceluy vne lampe blanche,
toute furdorée, auec plufieurs autres femblables cierges, iufques au nombre de trente deux,
qui parfaifoit la couronne. Il y auoit au milieu
de chafque couronne, vn bel eftendart, auec l'i-
mage de ce Sainct : Ainfi ces trois couronnes,
les corniches & le Theatre rendoient vne telle
clarté, qu'on ne voyoit que lumiere par toute
l'Eglife.

Au milieu de ce Theatre Majeftueux, eftoit
dreffé vn plancher appuyé fur de bônes, & fermes bares ; qui s'eftendoit depuis les degrez de
l'Autel de S. Pierre, iufques au throfne de fa
Sainateté, lequel eftoit faict fort artiftement,
couuert d'vn riche drap faict en broderie, &
enrichy de beaux ornemens, & de fes armoiries
de tous coftez. Du cofté de Midy fe voyoit encore vn autre fiege pour le S. Pere, propre à y
faire les ceremonies accouftumees, & couuert
d'vn riche drap. A cofté fe voyoient les fieges
des Cardinaux, couuerts fort richement, & vn
degré au deffouz d'iceux pour leurs porte-
queües. Au derriere de leurs fieges & plus bas
eftoient plufieurs autres bancs pour les Prelats ; car quant aux Ambaffadeurs des Princes,

ils

ils auoient leurs places à part, fur le mefme ef-
chafaut, toutes couuertes de drap blanc; & les
galleries de l'Autel des Saincts Apoftres, ou fut
faicte la Canonization, tapiffées d'vn fin drap
cramoyfi.

Sur le grand autel eftoit vn fort riche poële
tout broché d'or & d'argent, les floccons
duquel, tous frangez d'or pendoient des
lampes allumées. Ce poële eftoit fouftenu
par quatre grands Anges, veftus de blanc, & les
bords de leurs robbes tous frangez d'or. Au
pied d'vne de leurs lances qu'ils tenoient en
main, il y auoit vn vafe duquel fortoient quatre branches de rofes & de lys, qui enuiron-
noient lefdites lances.

En chaque faciade paroiffoient diuerfes corniches, & au milieu d'icelles deux images de ce
Sainct, releuees par deffus le naturel, l'vne par-
deuant l'autre en derriere, auec ce mot couronné HVMILITAS.

Deuant les piedeftails du Theatre, eftoient
dreffez de longs bancs fort polis, & hauts de
cinq palmes, où eftoit affis tout le Clergé, tant
feculier que regulier. Au milieu du Theatre
qui eftoit gardé par les Suiffes, fe voyoit vne infinité de peuple, & à la grande porte de l'Eglife,
la garde Thudefque, pour empefcher qu'il n'y
euft point de defordre, ny de confufion. Mefme pour la mefme intention auoit-on faict
dreffer vne autre galerie à l'entrée de l'Eglife.

Du grand appareil de l'Eglise de Sainct Pierre.

CHAP. VI.

L'Eglise de sainct Pierre, estoit paree fort richement, & l'ordre en estoit tel. Les piliers qui sont de la hauteur de 120. palmes, estoient tous couuerts de toile d'or & d'argent, de damas, de velours, & de brocatelle, toutes les couleurs se rapportans l'vne à l'autre, au grand côtentement de la veüe : Car les franges d'or & de toille d'argent, meslangees à plusieurs couleurs obscures, y apportoient vn grand lustre & embelissement.

Aux quatre costez ou estoient les Niches des sainctes Reliques, se voyoient des riches tapisseries d'or & d'argent, de l'inuention de Nicolas Vrbin, enuironnees d'vne part & d'autre de plusieurs draps de soye de grand prix.

La faciade de l'entrée du Temple, estoit faicte à pilliers damassez, & au champ d'icelle se voyoient plusieurs brocatelles de diuerses couleurs. Au beau milieu estoit posé le drap seruant à couurir les glorieux corps des saincts Martyrs ; sur vn bordage tout tissu d'or & de soye, de l'inuention de Raphaël d'Vrbin.

La bordure des corniches & architraues qui entouroiét l'Eglise, estoient couuertes de draps rouge & iaune, fort beaux & riches. De façon que c'estoit vne chose admirable de voir l'Eglise tapissée de tát de draps d'inestimable valeur,

vn theatre ſi magnifique, & vn ſi grand nombre de lampes & de cierges allumez.

La façade de dehors de l'Egliſe, eſtoit cou-
uerte en lógueur de 100. palmes, & en hauteur
de 120. de diuerſes toiles peinctes, & embellies
de pilliers, niches, corniches, chapiteaux, &
frontiſpices dreſſez fort iudicieuſement, ou ſe
voyoient les pourtraicts de trente-cinq Arche-
ueſques de Milan, tous Saincts perſonnages,
commençant à S. Barnabé l'Apoſtre, qui fut le
premier fondateur de l'Egliſe de Milan, & fi-
niſſant à S. Charles, l'image duquel eſtoit de-
peincte ſur vn carton, auec ce mot couronné
Hvmilitas. Prés de ceſte façade fut dreſſé
vn eſchafaut, où l'on mit de bónes gardes, pour
empeſcher qu'il n'y euſt point de confuſion, à
cauſe de la grande foule du peuple qui y accouroit de toutes parts.

Hors de l'Egliſe toutes les ruës ſe voyoient
pleines de proceſſions, tapiſſees fort richement, & embellies en diuers lieux de pluſieurs
tableaux repreſentans differentes hiſtoires;
comme auſſi des armoiries de ſa Saincteté ; du
Roy Catholique, & de la ville de Milan : enſemble de pluſieurs feſtons & fueillages qui recreoient fort la veüe.

N ij

*De la procession solennelle qui fut faicte le iour
de sa Canonization.*

CHAP. VII.

LE iour de la Touffaincts, qui fut le premier
du mois de Nouembre, de la prefente annee, mil fix cens dix, le facré College des Cardinaux, & plufieurs Archeuefques & Euefques
s'affemblerent en grand nombre, en la Chappelle du Pape Sixte, au Vatican, tous fort richement parez. Apres eux fuiuoit noftre Sainct
Pere le Pape Paul V. de ce nom, qui fe rendit
en ladite Chappelle, par les fcaliers de fa falle,
veftu à la Pontificale, fçauoir de l'Aube, de la
ceinture, & de l'eftole : lequel, pendant qu'il
difoit l'hymne *Aue maris ftella*, qu'on a accouftumé de chanter és proceffions folennelles
qui fe font és Canonizations des Saincts, n'euft
pas fi toft acheué le premier verfet à genoux,
qu'en mefme inftant deux cierges de fenteurs
tous allumez, & où eftoient les armoiries
de fa Saincteté, furent donnez aux deux premiers Ambaffadeurs des Princes, qui s'y trou-
uerent prefens.

Les porte-efcuffons, & Chambriers marchoiét
deuant eux, tous veftus de rouge à l'accouftu-
mee. Les Trompettes fuiuoient apres eux; puis
les Procureurs des ordres reguliers, fuiuis des
Aduocats Confiftoriaux, Secretaires & Cham-
bellans de fa Saincteté, habillez de rouge, comme de couftume.

Apres eux marchoient les deputez du Dosme
& Clergé de Milan, portans vn grand esten-
dart, où se voyoit l'image de sainct Charles.
Plusieurs autres Chanoines, & Ecclesiastiques
Milannois suyuoient apres eux, tous fort bien
vestus.

Les Chapellains du sainct Pere suyuoient
apres eux, portans la mitre de sa Saincteté,
& estans accompagnez des Musiciens de la
Chapelle Pontificale, qui chantoient l'*Aue
maris stella*. Les Prelats Secretaires, Acolites,
Auditeurs de la Rotte, & le Maistre du sacré
Palais marchoient apres eux. Iceux auoient
en queüe les Sous-diacres Apostoliques, vestus
à l'ordinaire, ensemble vn Acolite qui portoit
l'encensoir; sept autres Acolites, portans des
chandeliers d'argent auec des Cierges allumez;
& vn Sous-diacre vestu de la robbe à dire l'E-
pistre, & qui portoit la Croix, & estoit suyui
de deux Officiers des verges rouges.

Apres la Croix suyuoient les Penitentiers &
Abbez auec leurs mitres, ensemble plusieurs
autres Euesques.

Apres eux suyuoient les Cardinaux Diacres,
& Euesques auec leurs mitres, & tous portans
en main des cierges allumez.

Les Cardinaux estoient suyuis de plusieurs
Gentils-hommes Romains, des Conseruateurs
du peuple Romain: de l'Illustrissime Seigneur
François Borghese, frere de sa Saincteté, des
Ambassadeurs des Princes, & de Monseigneur
Iules Monterentio Gouuerneur de Rome.

N iij

Apres eux marchoient deux Cardinaux Diacres affiftans à fa Sainteté, auec leurs mitres & Dalmatiques. Au milieu d'eux eftoit vn autre Cardinal Diacre, qui deuoit chanter l'Euangile, fuyui immediatement des deux Ambaffadeurs portans les deux cierges fufdits, apres lefquels marchoit fa Sainteté, fuyuie de plufieurs Gentils-hommes qui portoient fon fiege apres luy, & les Maffiers ordinaires marchans à cofté.

Monfeigneur Pierre Panonio maiftre de la Chambre marchoit apres, enfemble Tiberio Muti, Efchanfon de fa Sainteté veftu de rouge, entre lefquels marchoit Monfeigneur François Penia Doyen de la Rotte, qui a la charge de tenir la mitre de fa Sainteté. Monfeigneur Pierre Crefcentio Auditeur de la Chambre, les Protonotaires Apoftoliques, & les Generaux des Ordres.

A la main droite & feneftre du Pape & des Cardinaux, marchoit la garde ordinaire des Suiffes, enfemble plufieurs foldats bien armez, auec la Compagnie des cheuaux legers, qui n'eftoit gueres efloignée de la proceffion.

Si toft que fa Sainteté fut arriuée à la porte de l'Eglife de fainct Pierre, elle y fut receuë auec vne Mufique de voix fort harmonieufe.

De l'ordre & des ceremonies qui furent obseruées en cette Canonization.

CHAP. VIII.

SI tost que nostre sainct Pere fut entré en l'Eglise, il fleschit le genoüil, fit son oraison deuant l'Autel du sainct Sacrement, & puis fut porté en son siege, l'autel des Apostres, où ayant prié, il monta en son throsne, receut la benediction accoustumée des Cardinaux, Euesques & Penitentiers, apres laquelle le Docteur Paul Alaleon Maistre des ceremonies, appella l'Illustrissime Cardinal, S. Eusebe Ferrante Tauerna Procureur deputé pour ceste Canonization, & le Docteur Iules Roma Aduocat Consistorial, lesquels apres auoir faict les reuerances accoustumées à l'Autel, & à sa Saincteté, le Cardinal se tint debout, prés du dernier escalier du Pape, & l'Aduocat ensemble le maistre des Ceremonies flechirent le genoüil, & firent la premiere instance de ceste Canonization, l'Aduocat disant en termes Latins, que le Cardinal S. Eusebe present, delegué pour sa Majesté Catholique, demandoit affectionnément que sa Saincteté canonizast, & mit au nóbre des Saincts le bienheureux Charles Borromée Cardinal de saincte Praxede, afin que tous les fideles Catholiques luy rendissent la reuerence deuë à vn Sainct. A ces paroles Monseigneur Pierre Strozzi repliqua auec beaucoup de grauité & prudence au nom de sa Saincteté, que comme ceste affaire

estoit de grande importance, qu'elle l'auoit examiné auec beaucoup d'attention, telle qu'elle y
estoit requise, qu'elle auoit trouué toutes les
preuues suffisantes pour ceste Canonization, &
qu'à ce sujet elle s'estoit transportée en ce lieu,
pour la conclurre : mais neantmoins elle desiroit, que tous offrissent des prieres auec elle, à
celle fin, que côme ceste affaire auoit esté com-
mencée à l'honneur & gloire de Dieu, elle fut
pareillement aydée & fauorisée de sa diuine
misericorde.

Apres cecy, sa Saincteté se mit à genoux, la
mitre en teste, où elle demeura iusqu'à ce que
les Letanies fussent finies, apres lesquelles elle
retourna à son throsne, alors le maistre des Ceremonies appella derechef les Cardinal & Aduocat susnommez, lesquels firent la seconde
instance pour la secóde fois, en la mesme façon
que nous venons de dire, à quoy le Secretaire
Strozzi respondit, que l'importance de cet
affaire requeroit la grace du sainct Esprit, &
qu'il estoit necessaire par consequent de l'in-
uoquer, Apres ces paroles, sa Saincteté descen-
dit de son throsne, fleschit le genoüil pour la
seconde fois, & se mit en Oraison, la mitre en
teste, & le Cardinal Diacre se tourna à main
droite deuers le peuple, disant à haute voix,
Orate : & soudain leuant la mitre à sa Saincteté,
tous les Cardinaux Patriarches, Archeuesques,
Euesques & Abbez se mirent à genoux, & firent
quelque peu d'oraison, iusqu'à ce que le Cardinal Diacre dict à main senestre à haute voix,
Leuate :

Leuate : Si toſt qu'ils furent debout, les Prelats preſens porterent le liure à ſa Sainĉteté, laquelle entonna ĉeſte Hymne ; *Veni creator ſpiritus.* & puis elle ſe mit à genoux, enſemble tous les autres, & ce ſeulement durant le premier verſet, apres lequel elle retourna à ſon throſne, où elle demeura debout, enſemble tous les autres, iuſqu'à la fin de cet Hymne.

Apres cet Hymne, les Chantres dirent ce Verſet, *Emitte Spiritum tuum.* Et ſa Sainĉteté diĉt l'Oraiſon ; *Deus qui corda fidelium.* En apres elle retourna en ſon ſiege, & lors le Maiſtre des Ceremonies appella le ſuſdit Cardinal de ſainĉt Euſebe auec l'Auocat Roma, leſquels firent la troiſieſme inſtance pour ĉeſte Canonization, comme cy deſſus, A laquelle le Secretaire Strozzi adiouſta, au nõ de ſa Sainĉteté (croyant que tel eſtoit le vouloir de Dieu) qu'elle eſtoit reſoluë de mettre le bien-heureux Charles au nombre des Sainĉts, puis qu'il auoit beaucoup excellé en ſainĉteté de vie, & en vertus, & qui plus eſtoit, en tant de ſignalez miracles. En meſme inſtant les Prelats, qui là eſtoient preſents, apporterent le liure à ſa Sainĉteté eſtant à ſon throſne, la mythre en teſte, laquelle prononça la ſentence de la Canonization auec des paroles graues, & releuées, & mit au Catalogue des Sainĉts le bien-heureux Charles, commandant qu'il fut honoré & reueré comme Sainĉt : & ordonna que la ſolennité de ſa feſte ſe celebreroit tous les ans, le 4. de Nouembre, auec l'office des Pontifes Cõfeſſeurs : & qu'on pour-

O

roit faire baſtir des Egliſes,& Autels à ſon honneur, auſquels on offriroit des ſacrifices à la
Majeſté diuine.

Ceſte ſentence prononcée,le Cardinal ſainƈt
Euſebe, enſemble l'Aduocat l'accepterent au
nom de ſa Majeſté Catholique & de la Cité de
Milan, remerciant ſa Sainƈteté. Apres cecy
l'Aduocat ſupplia ſa Sainƈteté de decreter les
Bulles de ceſte Canonization : à quoy elle repliqua, *Decernimus*, faiſant le ſigne de la Croix:
alors l'Aduocat ſe tournant du coſté des Protonotaires, & Notaires, leur diƈt qu'ils en fiſ-
ſent vn inſtrument auec teſmoignage,& ample
foy.

En meſme inſtant le Cardinal ſainƈt Euſebe,
fit les ceremonies accouſtumées auec ſa Sainteté, & ſoudain les trompettes, & les cloches
ſonnerent,& les canons ioüerent en la place de
S.Pierre,& au Chaſteau ſainƈt Ange. Peu apres
ſa Sainƈteté ſe leuant debout, entonna le *Te
Deum laudamus*, à la fin duquel, le Seigneur
Cardinal Diacre à main droite, dit à haute voix,
ce verſet; *Ora pro nobis B. Carole*, auquel les
Chantres repliquerent, *Vt digni efficiamur pro-
miſſionibus Chriſti.* & ſa Sainƈteté dit l'Oraiſon
de ce Sainƈt.

Le Cardinal Diacre, qui chanta l'Euangile,
dit en apres le Confiteor, nommant S.Charles,
apres les Apoſtres ſainƈt Pierre, & ſainƈt Paul.
Sa Sainƈteté faiſant en apres l'abſolution accouſtumée, *Precibus & meritis, &c.* nomma
ſemblablement ce Sainƈt en la meſme maniere.

Apres cecy fa Sainѣteté s'en alla à l'autre
fiege, preparé pour fe veſtir des paremens nou-
ueaux, cy deſſus mentionnez pour celebrer la
Meſſe. Cependant on chanta Tierce, & immediatement apres la Meſſe, qui fut celle de tous
les Saincts, auec la commemoration de fainѣt
Charles, pourſuyuant iuſqu'à l'Offertoire, qui
fut faiѣt, comme nous dirons maintenant.

Ceremonies de l'Offertoire de la Meſſe
de ceſte Canonization.

CHAP. IX.

ON a de couſtume d'obſeruer vne particuliere ceremonie en l'Offertoire de la
Meſſe, celebrée en la Canonization des Saincts.
On offre particulierement certaines choſes,
qui ont vne fignification myſterieuſe, propor-
tionnée à l'aѣte de la Canonization qu'on cele-
bre. Ce qui fut obſerué en ceſte preſente Canonization en ceſte maniere.
Pendant que les Chantres entennoient le
Credo, eſtant aux paroles, *Crucifixus etiam pro*
nobis. quatre Cardinaux, à ſçauoir vn Eueſque, vn Preſtre, vn Diacre, & le quatrieſme, fut
le Cardinal S. Euſebe Procureur, s'en allerent
prendre certaines choſes appreſtées en la Sa-
criſtie, pour offrir : leſquelles quelques Gentil-
hommes Milannois Eccleſiaſtiqnes, prindrent
ſuyuans ces Cardinaux, qui les offrirent à ſa
Saincteté en ceſte maniere : Si toſt que l'Offertoire fut pronócé, ſa Saincteté s'aſſit, la mythre

en teſte, attendant les quatre Cardinaux, qui venoient faire l'offrande. Le Cardinal Eueſque marchoit le premier, à main ſeneſtre duquel alloit le Cardinal ſainct Euſebe, accompagnez de deux Gentil-hommes, portans deux grands cierges, auſquels l'image de ce Sainct eſtoit depeinte, & les armoiries de ſa Saincteté. Apres leſquels ſuyuoit vn autre Gentil-homme qui portoit vn grand cierge doré, & vn panier auec deux torterelles blanches, & viues. Le Cardinal Preſtre marchoit apres, ſuyui de deux Gentils-hommes, qui portoient deux grands pains, l'vn d'oré auec les armoiries du Pape, l'autre argenté auec celles de la ville de Milan, Et apres iceux vn Gentil-homme qui portoit vn autre cierge doré auec vn panier argenté, au dedans duquel eſtoient deux colombes blanches.

Le Cardinal Diacre marchoit apres, auec deux autres Gentils-hommes veſtus de grandes robbes, qui portoient deux barils de vin, l'vn deſquels eſtoit doré, & l'autre argenté, On voyoit au fonds de l'vn d'iceux les armoiries de ſa Saincteté, & en l'autre celles de la Cité de Milan : Apres leſquels ſuyuoit vn autre Gentil-homme portant vn autre cierge doré, & vn papier depeint de pluſieurs couleurs, remply de diuers oyſeaux, couuert d'vn petit reths.

Deuant ces Cardinaux marchoient quatre Maſſiers du Pape, portant ſur l'eſpaule les maſſes d'argent, & le maiſtre des Ceremonies.

Les Cardinaux apres auoir faict les reuerences
accouſtumees à la Croix de l'autel , & à ſa Saincteté, faiſoient leur offrande en ceſte façon.

Premierement le Cardinal Eueſque, prenant
vn de ces grands cierges, apres l'auoir baiſé, l'offrit à ſa Saincteté , luy baiſant la main & le genoüil, & auec la meſme ceremonie, apres auoir
offert le ſecond cierge , il retourna en ſa place.
Apres lequel le Cardinal Sainct Euſebe , offrit
ſon cierge auec la meſme ceremonie, & ſon panier auec les tourterelles, & s'arreſta là. Le Cardinal Preſtre, apres auoir offert à ſa Saincteté,
les deux ſuſdits pains auec la meſme ceremonie que les autres , s'en retourna en ſa place.
Apres lequel le Cardinal Sainct Euſebe , offrit
pour la ſeconde fois le ſecond cierge, auec l'autre panier, dans lequel eſtoient les deux colombes , & s'arreſta là. Le Cardinal Diacre , offrit
apres luy ſes deux barils de vin, l'vn doré, &
l'autre argenté , & apres auoir baiſé la main &
le genoüil à ſa Saincteté, s'en retourna en ſa
place. Alors le Cardinal Sainct Euſebe, offrit
le troiſieſme cierge, auec le panier des oyſeaux,
retournant ſemblablement en ſa place, le Maiſtre des ceremonies coupant la reths , pour
donner vol aux oyſeaux dans l'Egliſe. Apres
l'offertoire, la Meſſe fut pourſuiuie auec les ceremonies accouſtumees.

Apres la Meſſe le Cardinal Pinelli , premier
Eueſque, aſſiſtant à ceſte celebration, publia au
nom de ſa Saincteté, Indulgéce pleniere à tous
ceux qui eſtoient preſens, ſelon la forme ordi-

naire; & apres ceste publication, le Pape s'en
retourna en la sale des paremens, accompagné
selon la coustume.

De l'allegresse publique que reçeut la ville de Rome,
à l'occasion de ceste Canonization.

CHAP. X.

LA ville de Rome fit bien apparoistre l'allegresse vniuerselle qu'vn chacun reçeut, d'a-
uoir veu mettre au Catalogue des Saincts, auec
tant de solennité & magnificence, vn Cardinal, l'vn des principaux membres du Sainct
Siege Apostolique. De son viuant, plusieurs
auoient esté tesmoins oculaires des bien-faicts
que la ville de Rome, & toute l'Eglise auoit
reçeuz de luy, lors qu'il estoit conducteur de
Pie IV. son oncle, au gouuernement du Pontificat, cóme aussi semblablement en plusieurs
autres occasions, ayant tousiours aydé vn chacun de tout son possible, tant par l'exemple de
la saincteté de sa vie, que par ses deuotes exhortations, retirant les hommes des obscuritez &
tenebres de ceste vie presente, pour les enflammer à la deuotion, à l'amour de Dieu, & au desir des choses celestes. La consolation que les
Romains & leurs lymitrophes ressentirent de
ceste Canonization, fut du tout merüeilleuse,
& l'allegresse tresgrande; car par toute la ville
on ne voyoit que feux de ioye, & n'entédoit-on
que le son des trompettes, tambours, musique,

& autres semblables signes d'vne allegresse vniuerselle. Ainsi le soir de ceste Canonization comme les autres iours ensuiuans, il sembloit que la ville se fondit en allegresse, principalement à l'endroit des Illustrissimes Seigneurs Cardinaux, des Auditeurs de la Rotte qui furent Commissaires Apostoliques en cest'affaire, bref de toute la nation Milanoise, & de plusieurs autres : mais principalement de Monseigneur le Cardinal Federic Borromée, Archeuesque de Milan, cousin germain de sainct Charles, qui assista à ceste Canonization, comme aussi d'autres principaux, & Barons Romains ses parens.

De la grande diligence que les Milanois vserent en l'expedition de ceste Canonization, & de ceux qui furent employez pour vne telle affaire.

CHAP. XI.

MEssieurs de Milan, & tout le peuple de ceste ville, ayant veu à l'œil les rares vertus, & la grande saincteté de vie de leur bien-heureux Archeuesque, & reçeu de luy lors de son viuant & apres sa mort, de si grands benefices, tant spirituels que corporels, resolurent de le faire canonizer : Et de faict ils ont sollicité ceste Canonization auec vn si grand zele, & affection, qu'il est impossible de l'exprimer par paroles. On void bien par là, comme ils ont de beaucoup deuancé toutes les autres Canonizations faictes auparauant, tant par le grand nombre des Ambassadeurs qu'ils deleguerent à Rome, pour en faire instance, que pour la grande magnificence qu'ils ont faict en la celebration d'icelle, comme nous venons de dire, n'ayant eu esgard à aucune despense.

Ceux qui ont esté employez pour cest'affaire depuis le commencement iusqu'à la fin, seront couchez icy par ordre.

Barthelemy George, Abbé de saincte Barbe de Mantoüe, & Antoine Albergato Euesque de Bisegli, Nonce à Cologne, Vicaires generaux de Milan, firent la premiere procedure.

Alexandre Mazenta Archidiacre, Iehan Giacomo Terzago, & Alexandre Moneta Chanoines du Dosme de Milan, deputez par les susnommez Vicaires, assisterent à l'examen des tesmoins.

Et Terzago Procureur du Clergé de Milan.

Cesar Pezzano Chanoine de S. Ambroise Protonotaire Apostolique.

Notaire qui escriuit ladite procedure.

Benoist Beoleo Chanoine de S. Ambroise, Protonotaire Apostolique.

Coadjuteur pour mettre en ordre ladite procedure.

Iehan Paul Clerici Chanoine de S. Nazaro, Procureur de la Congregation des Oblats, & Procureur du Clergé de Milan, lequel accompagna à Rome, les riches & somptueux paremens faicts à Milan, pour ceste Canonization.

Marc Aurelle Grattarola Chanoine ordinaire du Dosme de Milan, Procureur de la
mesme

mesme Congregation, deputé pour porter la premiere & seconde procedure à Rome, & qui eut vn grand soin pour solliciter cest' affaire, depuis le commencement iusqu'à la fin, tant à Milan, qu'à Rome.

Alexandre Maggiolmo Chanoine ordinaire du Dosme de Milan, & Chancelier Archiepiscopal, qui donna la copie de la premiere procedure autentique, extraicte de la Chancellerie Archiepiscopale.

Antoine Seneca, Euesque d'Anagni, Procureur du Clergé de Milan, & du Capitole de la venerable fabrique du Dosme de ceste ville là.

Lanfranco Regna Vicaire de S. Ambroise le Grand de Milan, Cesar Porto Vicaire de Varese, Iehan Baptiste Spetia Vicaire de Legnano, Procureurs du Clergé de Milan.

Octauian Abbiato Forrero, Archiprestre du Dosme, Iehan Pierre Barro Chanoine, Docteur de S. Ambroise, Procureur du clergé de Milan, Ambassadeurs du clergé enuoyez à Rome.

Iehan Baptista Castiglione, Docteur du College, Vicaire des Prouisions, le Conte Octauie Visconte, le Conte Iehan Baptista Serbellone, Ambassadeurs de la ville de Milan, deleguez à Rome.

Les Illustrissimes & Reuerendissimes Paul Camille Sfondrato, Flaminio Plato, & Ferrante Tauerna, Cardinaux, Milanois, Protecteurs de cest' affaire, en la Cour de Rome, & qui prindrent beaucoup de peine pour icelle, principalement Mōseigneur le Cardinal Tauerna, auec l'ayde duquel elle vint à fin, les autres deux eſtás abſents la pluſpart du temps.

François Penia Doyen, Iehan Garſia Mellino, maintenât Cardinal, Alexandre Litta, Alexandre Iuſte, Horace Lancellotte, Bernardin Scotte, Auditeurs de la Rotte, tous leſquels furent commiſſaires de ceſt' affaire.

Philippes Filonardi maintenant Eueſque d'Aquin, & Vice-Legat en Auignon, Iules Roma Procureur de la ville de Milan, en ceſt'affaire ; Auguſtin Croce, Aduocats, & Papirio Bartoli Procureur de ceſt' affaire à Rome.

Philippes Archinte Eueſque de Come, Claude Rangon Eueſque de Plaiſance, iuges deleguez pour faire la ſeconde procedure, auec l'authorité du ſainct Siege.

Theoldo de Theoldi, Claude Manara, Notaires de ladite procedure.

Gabriel Toſo, Loys Melzo, Docteurs collegiaux, Procureurs de la ville de Milan.

Iehan Antoine Caſtelbefozzo, chanoine ordinaire du Doſme, Ieroſme Viſmara Docteur collegial, le Conte Fabius Viſconte, Alexandre Veſtarino, Procureurs du venerable Capitole de la fabrique du Doſme de Milan, qui furent les premiers qui porterent la ſeconde procedure à Rome, accompagnez de Grattarola.

Charles Baſcapé, Eueſque de Nouara, Tullius Caretto, Eueſque de Caſale, Ambaſſadeurs deleguez à Rome, au nom de toute la Prouince de Milan.

François Triuulzo Referendaire de l'vne &

de l'autre fignature, Lieutenant ciuil du Vicaire du Pape, Procureur à Rome, pour le venerable Capitole de la fabrique du Dofme de Milan.

C'eft tout ce que ie puis coucher icy par eſcrit pour le faict de ceſte Canonization, pour contenter tous ceux qui en auront cognoiſſance, par où on peut cognoiſtre facilement auec quelle diligence, ſoin, & attention le S. Siege a procedé & procede à la Canonization d'vn Sainct, & principalement en celle de ce bien-heureux Cardinal, la Saincteté duquel eſt aſſez cogneue & manifeſtee au monde.

F I N.

Sommaire du Priuilege.

PAR grace & priuilege du Roy, donné à Paris le 23. Decembre 1610. Seellé du grand ſeau, & ſigné Par le Roy en ſon Conſeil, Perrochel, Il eſt permis à Claude Morel, marchand Libraire, d'imprimer *la Vie & Miracles de Sainct Charles Borromée.* Et defenſes à tous autres de vendre & diſtribuer ledit liure, iuſques au temps de ſix ans accomplis, ſans le conſentement dudit Morel, ſur les peines portees audit priuilege.

TABLE DES CHAPITRES DE la vie de S. CHARLES.

TABLE DES CHAPITRES DES Miracles que Dieu a faits par l'intercession de sainct CHARLES, lesquels ont esté approuuez par sa Canonization.

ACTES FAITS POVR LA
Canonization de ſainct Charles.

APPAREILS ET ORNEMENS
faits pour la Canonization de S. Charles.

F I N.